WHEN HISTORY MEOWS

고양이가 중국사의 주인공이라면

[진, 초, 양한 편]

페이즈(肥志) 편저
이에스더 옮김

Bunny on the Moon

서문

왜 역사를 배워야 하느냐에 대해, 영국의 역사학자 존 달버그 액턴(John Dalberg-Acton) 경은 이렇게 말했다.

"역사는 기억의 짐이 아니라 마음의 등불이다."

쉽게 말하면, 선인들의 잘잘못을 알고 있어야 자신의 잘잘못 앞에 더 현명해질 수 있다는 것이다.

이러한 조금의 사명감을 가지고 《고양이가 중국사의 주인공이라면》 제3권 '진, 초, 양한 편'에 돌입했다. 공교롭게도 진나라와 한나라가 바로 선인들의 행위를 참고로 삼기에 좋은 시대다.

주나라가 멸망하면서 진나라는 왕과 제후를 봉하는 것의 단점을 확실하게 보았고, 이로 인해 분봉제를 폐지하고 군현제를 실시했으며, '공무원'을 통해 일괄적으로 나라를 관리했다. 한나라는 진의 2.0 업그레이드 버전과 같아서 폭정의 빈틈을 메우고 유학으로 사상을 통일했으며, 후대인 당, 송, 원, 명, 청나라에 통치의 본보기가 되었다.

말은 그렇다 해도 누군가는 이렇게 물을 수 있을 것이다.

"옛날 일을 통해서 대체 우리가 무엇을 배울 수 있는 것인가?"

오랜 고민 끝에 어쩌면 역사가 문제를 마주하는 태도를 배우는 데 도움을 줄 수 있을지도 모른다는 결론을 내렸다. 상상해보자. 진, 한 두 왕조 모두 "어떻게 수많은 사람과 광활한 국가를 다스릴 것인가?"라는 생사와 관련된

문제에 직면했다. 하지만 그들에겐 어떻게 해야 할지 가르쳐줄 선생님도, 참고할 수 있는 모범 답안도 없었다. 모든 것이 대규모 실험과도 같고, 그저 돌다리를 하나하나 더듬으며 강을 건널 수밖에 없었다. 잠깐의 방심은 영원히 되돌릴 수 없는 결과를 만들 수 있었다.

　이 평범하지 않은 역사는 우리가 인물 이야기만 묘사하는 것에 만족할 수 없게 만들었다. 그래서 이번에는 열심히 이 역사가 발전한 맥락을 그려내고, 독자 여러분이 이 두 왕조의 분투와 흥망성쇠를 이해할 수 있도록 노력했다.

　이를 위해 우리는 지난 시간과 다름없이 책더미에 머리를 파묻었다. 《사기(史記)》와 작별하고, 《한서(漢書)》, 《후한서(後漢書)》 등의 사료들을 더 많이 맞아들였다. 진, 한의 세월을 여러분에게 재미있고 명료하게 보여드릴 수 있기를 희망하면서 말이다.

　마지막으로, 《고양이가 중국사의 주인공이라면》을 사랑해주고 지지해주는 독자 여러분들이 우리에게 따뜻함과 행복을 넘치게 전해주셔서 진심으로 감사드린다는 말씀을 전한다.

　다음 책에서 다시 만나길 바란다.

페이즈(肥志)

차
례

제 27 장

●

진나라가 위기를 맞다

수백 년간 치열하게 다툰 끝에

어떤 학자는 진(秦)나라의 통일이
'광활한 통치 권역을 가지고 있던
통일 왕조'인 상주(商周) 시대에 이어
'전쟁과 분열의 연속'이었던
동주(東周) 시대를 경험한 뒤 이루어낸
완전히 새로운 통일(리쉬에친(李學勤)
《동주와진대문명(東周於秦代文明)》)
이라고 말했다.
고단샤《중국의 역사 3 –
시황제의 유산, 진한(秦漢)제국》

진나라가 최강자로 떠올랐어.

전국(戰國) 시대 후기,
진나라가 제후국들 중
가장 힘센 나라가 되었다.
인민교육출판사
《의무교육 교과서·7학년 역사
상권(교사용)》

중국의 모든 땅을 손에 넣었지.

경제와 군사력 모두
다른 여섯 나라를 능가했고,
이 나라들을 통일할 수 있는
조건을 갖추었다.
인민교육출판사
《의무교육 교과서·7학년 역사
상권(교사용)》

거대한 제국,
진나라의 혜성과 같은 등장이었어.

진나라 왕 영정이 즉위한 뒤…
한, 조, 위, 초, 연, 제
여섯 나라를 멸망시키고
통일된 진나라를 세웠다.
인민교육출판사
《의무교육 교과서·7학년 역사
상권(교사용)》

하지만, 이렇게 큰 제국을…

온 땅이 모두 황제의 땅이었다.
서쪽으로는 유사[1]를 건너고,
남쪽으로는 북호[2]에 이르며,
동쪽으로는 동해를 포함하고,
북쪽으로는 대하[3]를 넘었다.
사람의 발이 미칠 수 있는 곳이라면
황제가 통치하지 않는 곳이 없었다.
《사기(史記)·진시황본기(秦始皇本紀)》

계속 통치해나가려면 어떻게 해야 했을까?

1) 유사(流沙) : 중국 서남쪽에 있던 나라. 티베트를 이르는 말. – 역주.
2) 북호(北戶) : 중국 남쪽 끝에 있던 나라. – 역주.
3) 대하(大夏) : 중국 북쪽에 있던 나라. 지금의 아프가니스탄 북부 지역. – 역주.

진나라의 통치에
위협이 될 만한 요소는
크게 3가지가 있었는데,

하나는 평민들의 반란이었고,

진나라의 무자비한 통치와
도를 넘는 착취는 수많은 평민들을
끝없는 재앙으로 몰아넣었고,
결국 사회적 충돌이
일어나게 되었다.

인민교육출판사
《의무교육 교과서·7학년 역사
상권(교사용)》

또 하나는 여섯 나라의 부활이었으며,

여섯 나라가 멸망한 뒤에도
진나라 통치 집단과 여섯 나라의
귀족 지주들 사이의 충돌은
계속되었다… 여섯 나라에 속했던
여러 귀족과 관료들에게는
강렬한 반진(反秦) 의식이
깊게 자리 잡고 있었고,
다시 들고일어날 때를
엿보고 있었다.

바이서우이(白壽彝)
《중국통사(中國通史)》

마지막으로는 외세의 침입이었어.

중국의 중원 사람들이
호인[4]이라고 부르던 사람들은
늘 정착민들이 살던
남쪽 지역을 침입했다.
루바오뤄(魯保羅)
《서역문명사(西域文明史)》

그런데 사실 진시황이 외세의 침입을
두려워하진 않았어….

진나라가 여섯 나라의 백성들을
해방시킨다는 대의명분을
내세웠던 것처럼,
'이민족 추방'이라는
새로운 대의적 슬로건을
내세웠다.
고단샤《중국의 역사 3 –
시황제의 유산, 진한(秦漢)제국》

어차피 군사력은 넘쳐나니까.
(싸우면 그만이지….)

진시황은 몽염(蒙恬) 장군에게
30만 명의 병사를 내주고
흉노(匈奴)족을 치게 했다…
진나라는 50만 명의 병사를 파견해
남쪽에서 백월[5]과의 전쟁을
시작했다.
고단샤《중국의 역사 3 –
시황제의 유산, 진한(秦漢)제국》

---

4) 호인(胡人) : 중국의 북방과 서방의 이민족을 일컫던 말. – 역주.
5) 백월(百越) : 중국 고대 월족(越族)의 통칭. – 역주.

가장 신경 써야 할 부분은
역시 내부 통치였지.

진나라의 통치자는 반드시 최대한
빨리 전국을 통제할 수 있는
봉건 조정을 수립하고,
조정에서 지방에 이르는 단계별
행정 기관들을 구축해야 했다.

바이서우이(白壽彝)
《중국통사(中國通史)》

그래서
진시황은 분봉제를 폐지하고,
군현제[6]를 실시했어.

진왕 영정은 역사를 교훈 삼아
분봉제를 폐지해 제후들이
그 땅을 차지하지 못하게 만들었고,
중앙 집권 제도를 수립했다.

인민교육출판사
《의무교육 교과서 ·
7학년 역사 상권(교사용)》

중앙에서 지정한 관리를 파견해
지방을 관리하게 해서,

하이

지방에 분봉제를 폐지하고,
군현제를 실시했다.
모든 관리들은 황제가 임명하고,
해임했다.

인민교육출판사
《의무교육 교과서 ·
7학년 역사 상권(교사용)》

6) 군현제 : 전국을 몇 개의 행정구획으로 나누고 여기에 중앙에서 임명한 지방관을 파견해 다스리던
중앙집권적 지방 행정제도. – 역주.

지방에 대한 중앙의 통제를 강화한 거지.

> 진나라 왕조가 세워진 뒤,
> 기존 진나라의 기초 위에 중앙에서
> 지방으로 이어지는 일련의
> 통치기구를 만들고 보완했다…
> 전체 통치기구에서 가장 높은
> 통치권은 황제 한 사람의
> 손안에 있었다.
>
> 린젠밍(林劍鳴)《진한사(秦漢史)》

말 잘 들어라!

네…

진시황은 치도(馳道)와 영거(靈渠)를 만들어서
(고속도로와 수로(물길) 말이야.)

치 馳 靈 영
도 道 渠 거

> 27년, 진시황은… 치도를 수축했다.
> 《사기(史記)·진시황본기(秦始皇本紀)》
>
> 통일을 공고하게 하는 조치로,
> 군사적으로 하투[7] 지역을 빼앗고
> 장성을 쌓았으며,
> 남쪽을 통일하고 영거를 건설했다.
>
> 인민교육출판사
> 《의무교육 교과서·
> 7학년 역사 상권(교사용)》

군대가 육지로든 물길로든
빨리 전쟁터에 도착할 수 있게 만들었고,

> 영남[8]의 도로와 진시황이 만든 치도를
> 연결함으로써 진나라 왕조의
> 통치 중심지인 함양(咸陽)과 남부 변방
> 지역이 막힘 없이 연결되었다.
> 영거의 건설은 진나라 군대가…
> 승리하는 데에 중요한 조건이 되었다…
> 양식, 보급품이 수로를 통해
> 끊임없이 지원되어 진나라 군대가
> 전쟁을 하며 필요한 것들이 보장되었다.
>
> 린젠밍(林劍鳴)《진한사(秦漢史)》

7) 하투(河套) : 오르도스, 중국 네이멍구자치구 남쪽 끝에 있는 도시. – 역주.
8) 영남(嶺南) : 중국에서 지금의 광둥(廣東)성, 광시(廣西) 지역. – 역주.

기존 여섯 나라의 성곽, 요새를 부수어

진시황이 천하를 통일한 뒤,
곧바로 영토 내에 있는
여섯 나라의 장성과 요새를
부수라고 명령했다.

뤄저원(羅哲文)《뤄저원, 장성을
말하다(羅哲文談長城)》

성곽을 허물고 하천의 제방을 터서
험준한 곳을 모두 평평하게 만들었다.

《사기(史記)·진시황본기(秦始皇本紀)》

"성곽을 허물고 하천의 제방을 터서
험준한 곳을 모두 평평하게 만들었다"라는
것은 여섯 나라가 서로를 방어하던
장성, 요새, 적을 막기 위한
성벽 등의 시설들을 제거했다는 것이다.

뤄저원(羅哲文)《뤄저원, 장성을
말하다(羅哲文談長城)》

이들의 옛 터전이
방어 능력을 잃었어.

백성들의 무기를 압수해서

전국의 모든 무기를
모아 함양으로 보냈다.

《과진론(過秦論)》

모두 무장해제 시키기도 하고,

창끝과 화살촉을 녹여
금인(金人) 12개를 만들고,
온 백성을 약하게 만들었다.
《과진론(過秦論)》

전국의 장사꾼을
수도로 데려와

(진시황은) 여섯 나라의
거상들을
함양으로
옮겨오게 했다.
쩌우지밍(周積明),
송더진(宋德金)
《중국사회사론(中國社會史論)》

지방에 자금이 부족하게 만들기도 했지.

'강한 중앙 정부와 약한 지방 정부'를
만들기 위해 멸망한 각 제후국 본거지의
경제력을 약화시켜 그들의 부활을
저지했다… 각 제후국의 부호
12만 가구를 함양 등 지역으로
옮기게 했다.
쭈지엔쩐(朱堅眞)
《중국 비즈니스 경제 사상
역사 요강(中國商貿經濟思想史綱)》

진시황은 여섯 나라의 거점,
무기, 자금, 이 모든 것들을 없애고
나서… 무력으로 위협했어.

진시황은 여섯 나라를
멸망시킨 뒤,
다섯 번을 연달아
대규모 순찰을 나섰다.
바이서우이(白壽彝)
《중국통사(中國通史)》

또 나설 자가
있느냐!

이런 진시황의 방법이
그의 통일을 견고하게 만들었을까?

야옹?

군사력으로는 천하에서
대적할 나라가 없었던
진 왕조가 세워진 지
십몇 년 만에 멸망에 이르는
전쟁을 치르게 되었다…
너무나도 쉽게
진 왕조가 멸망했다.
쭈쩡취엔(朱增泉)
《전쟁사필기(戰爭史筆記)》

아니…

그는 오히려 지쳐서
죽고 말았어….

진시황은 37세에 병으로
사구 평대[9]에서 세상을 떠났다.
바이서우이(白壽彝)
《중국통사(中國通史)》

이렇게 많은 일을 했는데
진나라는 왜 멸망하게 된 걸까?

진시황은
엄격하고 가혹한 형벌과
폭력으로 천하를 다스렸는데,
이것이 자신의 통치를 견고하게
만드는 방법이라고 생각했다.
바이서우이(白壽彝)
《중국통사(中國通史)》

두 가지 이유가 있어!

9) 사구 평대(沙丘 平臺) : 지금의 허베이(河北)성 싱타이(邢台)시 광쭝(廣宗)현 지역. – 역주.

첫 번째,
진시황은 세상을 떠나면서도
공개적으로 후계자를 지정하지 않았어.

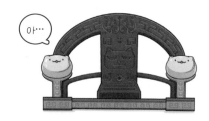

아…

> "진시황께서 돌아가시면서
> 장남에게 함양에서 장사를 지내고
> 후사를 세우라는
> 편지를 남기셨습니다.
> 편지는 아직 발송되지 않았고,
> 지금 황제께서 돌아가신 것을
> 아는 사람은 아무도 없습니다."
> 《사기(史記)·이사열전(李斯列傳)》

그 결과, 간신들이 조정에
재앙을 몰고 왔지.

형제들을 조심해.
모두 위협이 되는 존재들이야…

아버지가 돌아가셨으니,
이 나라는 전부 네 거야…

> 조고[10]는 공자 호해[11],
> 승상 이사(李斯)와 음모를 꾸미고,
> 진시황이 장남 공자 부소(扶蘇)에게
> 남긴 편지를 승상 이사가
> 사구에서 받은 진시황의
> 유언인 것처럼 꾸며 호해를
> 태자로 세웠다.
> 이와 더불어 공자 부소와
> 몽염 장군의 죄를 지적하고,
> 죽음을 명하는 편지를
> 가짜로 만들어 보냈다.
> 《사기(史記)·진시황본기(秦始皇本紀)》

두 번째,
엄격한 진나라 법 때문에 백성들이 힘들었어.

> 진시황의 잔혹한 통치가
> 사람들로 하여금
> 그와 대립하도록
> 몰아갔다.
> 바이서우이(白壽彝)
> 《중국통사(中國通史)》

秦律 진법

---

10) 조고(趙高) : 진나라 환관. – 역주.
11) 호해(胡亥) : 진시황의 막내아들. – 역주.

상앙변법 이후로,
진나라가 강조해온 것은 바로 권력의 집중이었어.

> (상앙변법은) 철저하게 분봉제를
> 폐지하고 군현제를 전면적으로
> 실시했다… 중앙집권을 강화했다.
>
> 국무원 발전 연구센터 연구총서
> 《개혁 방법론과 추진 방식 연구
> (改革方法論於推進方式研究)》

다시 말해 위에서 하라고 하면 하는 거고,
다른 건 하지 않는 거야.

> 사적인 이유로 싸운 사람은
> 각각 경중을 따져
> 크고 작은 형을 내렸다.
> 진나라 사람들이
> 모두 법을 따랐다.
> 《사기(史記)·상군열전(商君列傳)》

백성들이 부지런히 농사짓고,
열심히 적과 싸우게 하고,

> 군대에서 공을 세우면
> 그 정도에 따라
> 벼슬을 높여 주었다…
> 백성들이 본업을
> 열심히 하게 해서
> 농사와 베 짜기에서
> 수확이 많은 사람은
> 노역을 면제해주었다.
>
> 《사기(史記)·
> 상군열전(商君列傳)》

만약 말을 듣지 않으면, 엄하게 처벌했어.

(법 조문이) 한 번 공포되면,
누구든 무조건 지켜야 하고,
만약 지키지 않으면
처벌을 받았다.
국무원 발전 연구센터 연구총서
《개혁 방법론과 추진 방식 연구
(改革方法論於推進方式研究)》

사는 게 힘들었지만, 농사를 짓거나 적을 죽이면 높은 지위에
오를 수 있었어. 참을 수만 있다면 살 순 있었어.

법 시행 1년 뒤에도 수천 명의
진나라 백성이 수도까지 와서
새 법의 불편함을 말했다
《사기(史記)·상군열전(商君列傳)》

상앙은 공에 따라 작위를 내려 왕실 사람이어도 군에서 공이 없으면
이름을 친족 명부에 올리지 못하게 했다.
혈연으로 관직, 작위를 계승하는 제도를 바꾼 것이다.
국무원 발전 연구센터 연구총서
《개혁 방법론과 추진 방식 연구(改革方法論於推進方式研究)》

하지만 천하가 통일되자…

진왕 영정 26년(기원전 221년),
진나라의 '천하' 통일 작업이
완성되었다.
푸러청(傅樂成)
《중국통사(中國通史)》

싸울 필요가 없었어.

'부국강병'의 목표가 없으니
계속 힘든 생활을 견디는 게 너무 힘겨웠지….

너무
힘들다….

> 진시황이 여섯 나라를
> 통일하고 나자,
> 그 통일된 세상에서는 더 이상
> 군국주의적 색채를 띠는
> 정치 수단이 필요하지 않았다.
> 국무원 발전 연구센터
> 연구총서 《개혁 방법론과 추진
> 방식 연구(改革方法論於推進方式研究)》

원래도 그렇게 고생할 필요가 없었던
다른 여섯 나라 백성들은 오죽했겠어.

치킨
먹고 싶다…

이렇게 힘든 건
처음이야.

사람들은 너무도 힘든 나머지
죽고 싶을 지경이었어….

사람들은
진시황을 원망하고,
집안은 진시황을
원수로 생각했다.
《염철론(鹽鐵論)》

그렇다면 진 제국은?

이 큰 제국을 견고하게 지키기 위해서
북쪽으로는 장성을 쌓고,

진 황조가 세워지고 나서
통치를 강화하고,
다민족 봉건 국가들의 대규모
통일을 유지하기 위해
진시황은 여러 중요한 정책을
시행했다.
진시황은 또한 몽염을 시켜
중국 역사상 가장 큰
군사 방어 시설인
만리장성을 건설하게 했다.

바이서우이(白壽彝)
《중국통사(中國通史)》

남쪽으로는 백월을 정벌했어.

공격
하라!

진나라가
여섯 나라를 통일하고 나서,
진시황은 사람을 시켜
서남 지역의 소수민족들을
정벌하게 했다.
바이서우이(白壽彝)
《중국통사(中國通史)》

하지만… 이런 것들은 모두
수많은 인력과 물자가 필요한 일이었어.

진나라 백성들의 세금 부담은
매우 높았다… 확실히
"온 나라의 재물과 부양 정책을
쏟아부었지만,
아무런 소용이 없었다."
진나라 백성들의 노역 강도는
더욱 강해져 절정에 달했다.
바이서우이(白壽彝)
《중국통사(中國通史)》

그래서
백성들을 동원할수록, 그들의 불만은 커졌지.

힝

힝

진시황이 죽기 전에 이미
백성들의 분노가 들끓고 있었고,
반기를 든 사람들이
여기저기서 일어났다.
바이서우이(白壽彝)
《중국통사(中國通史)》

이 불만에 어떻게 대처했냐고?
바로 억누르는 정책이었어.

> 진나라는 제때 정책을
> 조정하지 못해 단계적으로
> 나라를 다스리는 데 필요한
> 새로운 제도 개혁을
> 진행하지 못했다.
> 《국무원 발전 연구센터 연구총서·
> 개혁 방법론과 추진 방식 연구》

진률은 전보다 더 가혹해졌지.
백성들은 오랫동안 고통받았어….

> 백성들을 포악하게 다스리고,
> 가혹하게 압박하고 착취하는 게
> 진나라 정치에서 가장 눈에 띄는
> 특징이다.
> 바이서우이(白壽彝)
> 《중국통사(中國通史)》

한번은 행군하던 군인들이 시간을
지체했다는 이유로 사형을 당했는데,

> 기현 대택향[13]에 도달했을 때,
> 큰비가 내려 도로가 통행이
> 불가능하게 되었고, 기한에 맞추어
> 도착할 수 없을 것으로
> 예상되었다. 진률에 따르면
> 기일을 맞추지 못하면
> 사형에 처하게 되어 있었다.
> 바이서우이(白壽彝)
> 《중국통사(中國通史)》

---

12) 진률(秦律) : 진나라 법률. – 역주.
13) 기현 대택향(蘄縣 大澤鄉) : 지금의 안후이성(安徽省) 쑤현(宿縣) 지역. – 역주.
14) 진섭(陳涉) : 진승의 자(字), 본명은 진승이다. – 역주.

이 사건으로 인해 한 고양이가
혜성처럼 등장했어.

지금 도망쳐도 죽고,
큰일을 일으켜도 죽는다.
죽음을 기다리느니
나라를 만들다 죽는 것이
낫지 않겠는가?

《사기(史記)·진섭세가(陳涉世家)》

그가 일으킨 반란의 물결은
더 큰 파도가 되어 진나라
정권과 충돌했다.

바이서우이(白壽彝)
《중국통사(中國通史)》

그리고 '진나라를 무너뜨리는'
화약통에 불을 붙이게 되었지.

온 나라에서 호걸들이 모여들어
그에 호응했으며
수많은 사람들이 식량을 들고 와
그를 그림자처럼 따랐다.

《과진론(過秦論)》

그는 누구일까?

야옹?

그러나 진섭(陳涉)[14]은 깨진
옹기 조각으로 창문을 만들고,
새끼줄을 문에 다는 돌쩌귀로
삼았던 가난한 집안의 자식으로,
부랑자나 노예나
다름없는 사람이었고,
(군사로 징발당해) 끌려갔던
사람들 중 한 사람이었다.

《과진론(過秦論)》

이어서 계속

진나라는 진시황 17년(기원전 230년)부터 26년(기원전 221년)까지 불과 10년의 시간 동안, '천하를 하나로 합치고', 여섯 나라를 통일했다. 군사적인 통일(여섯 나라를 멸망시키고) 뒤에는 정치적 통일(중앙 집권 제도), 경제 및 문화적 통일(표준 문자, 화폐 제도, 도량형 제도, 차궤(마차가 지나는 길) 통일 등)과 같이 다른 여러 조치로 통치 체계를 굳게 다지고자 했다. 이는 모두 경제적, 문화적인 발전과 교류에 유익했고, 진나라의 장기적 통일을 위한 초석을 깔 수 있었다. 하지만 어떤 학자는 "봉건 영주제에서 봉건 전제주의로 가는 길은 백성들의 목숨을 깔고 간 것"이고, "통일 전쟁과 이후의 끝없는 노역으로 인해 죽은 백성들이 셀 수 없이 많았다"라고 말했다. 이런 포악한 통치는 진나라 멸망의 복선이 될 수밖에 없었다.

영정 역 - 전병

참고문헌 : 《사기(史記)》, 《과진론(過秦論)》, 《염철론(鹽鐵論)》, 고단샤 《중국의 역사 3 - 시황제의 유산, 진한(秦漢)제국, 인민교육출판사 《의무교육 교과서·7학년 역사 상권(교사용)》, 바이서우이(白壽彝) 《중국통사(中國通史)》, 루바오뤄(魯保羅) 《서역문명사(西域文明史)》, 린젠밍(林劍鳴) 《진한사(秦漢史)》, 뤄저원(羅哲文) 《뤄저원, 장성을 말하다(羅哲文談長城)》, 쩌우지밍(周積明), 송더진(宋德金) 《중국사회사론(中國社會史論)》, 쭈지엔쩐(朱堅眞) 《中國商貿經濟思想史綱(중국 비즈니스 경제 사상 역사 요강)》, 쭈정취엔(朱增泉) 《전쟁사필기(戰爭史筆記)》, 국무원 발전 연구센터 연구총서 《개혁 방법론과 추진 방식 연구(改革方法論於推進方式研究)》, 푸러청(傅樂成) 《중국통사(中國通史)》

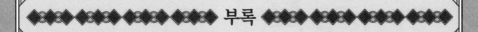

만리장성

춘추전국 시대에 이미 장성이 있었지만, 진나라가 여섯 나라를 통일하고 나서 진나라, 조나라, 연나라의 북쪽 장성을 모두 연결시켰어.

불로장생

진시황은 수많은 도사에게 투자하며 불로장생할 수 있는 신선이 되는 약을 연구하게 했어. 결국, 이는 성공하지 못했을 뿐만 아니라, 큰돈을 사기 당하기도 했지.

피해자영모씨

어
...

대형 가짜 약 사기 사건
17:39 오늘의 법 이야기 속으로 들어가보자.

진시황 2세

원래 진시황은 황위를 장남에게 물려주려고 했지만, 막내아들이 계략을 써서 황위를 빼앗고 말았어.

아버지!

장남
부소
(扶蘇)

막내
호해
(胡亥)

야옹이들의 프로필

<만두의 고민>

힘이 센 건… 때로는 정말 파곤한 일이야.

<살찐 만두>

만두야! 어떻게 하면 살을 뺄 수 있을까?

방법이 있지! 난 요즘 러닝머신을 이용해!

맞아! 정말 효과 있어!

달리기? 너무 좋다!

그런데 들고 뛰면 안 보여.

너 러닝머신을 제대로 알고 있는 거냐?

26

만두

전갈자리
생일 : 10월 31일
키 : 168cm
가장 좋아하는 꽃 : 계화꽃
가장 좋아하는 음식 : 불고기
성격 : 대충 일하는 면이 있
지만, 정의롭다.

(인간 만두 소개)

만두네 가게
Mantou's Shop

제 28 장

●

진승이 반란을 일으키다

제국의 통치를 견고하게 만들기 위해
진시황은 대규모 공사를 진행시켰는데,

진시황은 대규모 공사를
진행시켰다.
함양을 비롯한 다른
여러 지역에
수많은 건축물을 지었다.
바이서우이(白壽彝)
《중국통사(中國通史)》

진시황 때에 이르러…
공양 정책을 위해
천하의 모든 재물을
쏟아부었지만
아무런 소용이 없었다.
《한서(漢書)·식화지(食貨志)》

나라에서 짊어지게 한 노동 때문에
백성들은 마음 편히 살 수 없었어.

진나라에서는
백성들에게 노동을 시키는
노역이 극한에 달했다.
진나라는 일반적인
노동자의 경우
15세부터 노역을 하기 시작해
60세가 되어야
이를 면할 수 있도록
법으로 정해 두었다…
하지만 사실상 이외에도
엄청난 양의 추가 노역이 있었고,
어떤 일은 노역 일수로
기록도 해주지 않았다.
바이서우이(白壽彝)
《중국통사(中國通史)》

거대한 압박 속에서 진 제국은
마치 화약통 같았지.

진시황의 포악한 정치는
백성들을 반대편으로 몰아세웠고,
'사람들이 그를 원망하고,
집안이 그를 원수로 생각'하는
지경에 이르렀다.

바이서우이(白壽彝)
《중국통사(中國通史)》

누군가 먼저 팔을 흔들며
큰소리로 외치고 혁명의 횃불을
높이 들기만 하면,
이미 나타나 흩어져 있던 진(秦)을
반대하는 작은 불꽃들이
빠르게 각 지역을 불태우고
미약한 서곡이 웅장하게
연주되는 장면을
연출할 것이었다.
역사가 필요로 하면
이런 인물은
필연적으로 나타난다.

바이서우이(白壽彝)
《중국통사(中國通史)》

운명은 누구에게 불씨의 역할을 맡겼을까?

그 '불씨'는 바로 진승(陳勝) 고양이였어!

그래서 진승과 오광은
대택향에서 일어나 소리쳐
진나라 말기 농민 전쟁의
서막을 열었다.

바이서우이(白壽彝)
《중국통사(中國通史)》

진승이 반란을 일으키다

진승 고양이는 별 볼 일 없는 사람이었고,

진승,
진승(자는 섭(涉))은
지위가 가장 낮은
가난한 농민의 집에서
태어났다.
바이서우이(白壽彝)
《중국통사(中國通史)》

나라에서 강제로 소집되어
군인이 된 사람 중 하나였어.

2세 원년(기원전 209년) 7월,
골목 왼쪽에 사는 장정들을
징발해 어양[15]을 지키게 해서
900명이 대택향에 머물게 되었다.
진승과 오광도 차례가 되어
이 행렬에 들어
둔장[16]을 맡게 되었다.
《사기(史記)·진섭세가(陳涉世家)》

그는 어릴 적부터 마음속에
큰 뜻을 품었다고 해.

진승은 크게 한숨을 쉬며
"어허! 제비나 참새 따위가
큰 기러기의 뜻을
어찌 알까!"라고 했다.
《사기(史記)·진섭세가(陳涉世家)》

꿈이 있는
사람은
누구나
위대하지!

---

15) 어양(漁陽) : 베이징(北京)시 미윈(密雲)현 지역. – 역주.
16) 둔장(屯長) : 한 진영의 우두머리. – 역주.

남 밑에서 일할 때도…
자주 사람들을 모아 놓고 말도 안 되는 소릴 늘어놓았어….

나중에 부자가 되면
너희를 잊지 않을게!

부자
되면

챙겨
주기

진섭이 젊었을 때 다른 사람들과
남의 집에 고용되어
농사를 지은 적이 있었는데,
밭두둑 위에서 일을 멈추고는
한참 동안 불평을 늘어놓더니
"정말로 부귀해지면
서로 잊지 말자!"라고 했다.
《사기(史記)·진섭세가(陳涉世家)》

그 누구도 그를
상대해주지 않았지만 말이야….

쟤 어디
아픈 거 아니야?

신경 꺼,
신경 꺼….

고용된 자들이
웃으면서
"고용되어 농사짓는 주제에
부귀는 무슨?"이라며
비웃었다.
《사기(史記)·진섭세가(陳涉世家)》

하지만 운명은
굳이 이 이름 없고 보잘것없던 사람에게
개혁의 시작을 열게 했어.

?

딱 너로
정했어!

진 나라 말기,
둔장을 맡고 있던 진승 고양이가
국경 지역에 근무하러 가던 길에 큰비가 내렸는데,

"비가 와서 여러분들은
모두 지각을 했습니다."
《사기(史記)·진섭세가(陳涉世家)》

날씨가 매우 험악해 길을 따라 가기가 어려워졌어.
하지만 지각을 하면 참혹한 대가가 기다리고 있었지.

이때 하늘에서 큰비가 내려
길이 통하지 않았다.
《사기(史記)·진섭세가(陳涉世家)》

차가운 빗물이
얼굴에 정신없이 떨어져.

그는 계산기를 두드려봤지….

지각하면…
사형을 당할 테고…

따져보니 기한을
이미 놓치게 되었다.
기한을 놓치면 법에
모두 목을
베게 되어 있었다.
《사기(史記)·
진섭세가(陳涉世家)》

반역을 일으키면…
역시 사형을 당할 테고…

"큰일을
일으켜도
죽습니다."
《사기(史記)·
진섭세가(陳涉世家)》

그러니 뭘 선택할 수 있겠어?!

그냥
반역해버려!
어차피
다 죽는 거!

> "죽기를 기다리느니
> 나라를 세우다 죽는 것이
> 낫지 않겠습니까?"
> 《사기(史記)·진섭세가(陳涉世家)》

그럼에도 진승 고양이는 여전히 마음이 불안했어….
(자기도 처음 해보는 거니까….)

아….

그는 심지어 점도 쳐봤어.

도사님…
제가 반역을
하고 싶은데요…

진정해.

> 오광은 그렇다고 생각해서 바로 점을 치러 갔다.
> 《사기(史記)·진섭세가(陳涉世家)》

그런데 뜻밖에도
'대운'이라는 점괘가 나왔지….

점쟁이가 그들의 뜻을 알고는
"당신들의 일이 성공할 것이고,
공을 세울 것이다"라고 말했다.
《사기(史記)·진섭세가(陳涉世家)》

사람들의 지지를 얻기 위해서
진승 고양이는 자신을 널리 알려야겠다고 생각했어.

"이는 우리가 먼저
여러 사람들에게
위신을 보이라는 것이다."
《사기(史記)·진섭세가(陳涉世家)》

예를 들어 물고기 배에 쪽지를 넣거나,

바로 비단에 붉은 글씨로
'진승왕'이라고 써서는
누군가가 잡아 온 물고기
배 속에 넣어 두었다.
《사기(史記)·진섭세가(陳涉世家)》

여우인 척 울음소리를 냈지.

또 오광에게 몰래 숲속 사당에 가서는 밤에 장작불을 피우고
여우가 우는 듯한 소리로 "대초(大楚)가 일어나고
진승이 왕이 된다"라고 외치게 했다.
《사기(史記)·진섭세가(陳涉世家)》

이런 방법들은 엄청난 효과를 발휘했고,
진승 고양이는 이렇게 핫해졌어….

병사들이 모두 밤중에 공포에 떨었다.
이튿날 아침, 병사들이 여기저기서
숙덕거리는데 모두 눈으로 진승을 가리켰다.
《사기(史記)·진섭세가(陳涉世家)》

진승 고양이 👑 *Lv.43*

3　　　　**7 ||||**　　　　**2**

팔로우　　　　팔로잉　　　　웨이보
　　　　　　　　　　　　　　(중국 SNS 서비스)

병사들 입장에서는 처음에는
죽을 것 같은 절망감에 빠졌다가,

진률에서 정한 바에 따르면
기한을 지키지 못하면
모두 목을 베게 되어 있었다.
모두에게 죽음의 그림자가
드리웠던 것이다.
바이서우이(白壽彝)
《중국통사(中國通史)》

진승과 관련된
'비단 속 붉은 글씨',
'여우 울음소리'와 같은
기이한 일들이
사람들 사이에서
계속 떠돌았다. 그 당시
병사들의 마음속에
진승은 이미 확실히
신적인 기운이 있는
인물이 되었다.
바이서우이(白壽彝)
《중국통사(中國通史)》

나중에는 하늘이 내린 사람 같은
진승 고양이를 만난 셈이지.

저 자식이
어떻게?

눈부셔!

이런 일들을 겪다 보니,
동행한 900여 명의 군사들은
진승 고양이를 바로 따랐어.

형님!

내 친구!

사랑해!

같이
가요!

따르는 무리들이 모두
"삼가 명을 받들겠소!"
라고 했다.
《사기(史記)·
진섭세가(陳涉世家)》

진승이 반란을 일으키다

그래서 그들은 자신들에게 있던 나무 막대기를 들고
반란을 일으키기로 했어.

그럼 우라…

반란을
일으키자…

> 진승은 스스로 장군이 되고,
> 오광은 도위[17]가 되었다.
> 나무를 베어 무기로 삼고
> 장대를 높이 세워 깃대로 삼았고,
> 빠르게 농민 의병이 조직되었다.
> 바이서우이(白壽彝)
> 《중국통사(中國通史)》

음… 하지만…
손에 든 나무 막대기를 가지고,
상대 군사들의
날카로운 무기를
상대할 수 있을까?

아….

쿨럭…
진짜 싸워 이겼어….

야옹?

얼음

> 의병의 전진 속도는
> 매우 빨랐고,
> 수차례의 전쟁에서
> 승리했다.
> 바이서우이(白壽彝)
> 《중국통사(中國通史)》

17) 도위(都尉) : 군(郡)의 군사를 통솔하는 관직. – 역주.

아마 진승 고양이 스스로도 이해가 안 갔을 거야.

'오합지졸'과도 같은 그들은
싸우기만 하면 이겼고,
수많은 백성 고양이들의 호응을 얻었어.

> 대택향을 공격해 승리를 거두고
> 기현으로 진격했다. 기현을 함락시킨 후
> 바로 부리[18] 사람 갈영(葛嬰)에게
> 병사들을 이끌고 기현 동쪽을
> 공략하게 했다. 질(銍), 찬(酇), 고(苦),
> 자(柘), 초(譙)[19]를 공격해
> 모두 함락시켰다.
> 《사기(史記)·진섭세가(陳涉世家)》

> 진승과 오광이 이끄는 농민 의병은
> 곧장 들판을 태우는 불길처럼
> 발길 닿는 곳마다 불태웠다.
> 바이서우이(白壽彝)
> 《중국통사(中國通史)》

그리고 얼마 지나지 않아…
900명의 임시 병사들이 몇만의 군대가 되었지.

> 진(陳)에 이르렀을 때는
> 전차가 600에서 700대,
> 기병이 1천 남짓,
> 병졸이 수만이 되었다.
> 《사기(史記)·진섭세가(陳涉世家)》

---

18) 부리(符離) : 지금의 안후이(安徽)성 쑤저우(蘇州)시 지역. – 역주.
19) 초(譙) : 대택향에서 함곡관 방향에 있는 지역들. – 역주.

열흘 동안 수백 리를 쓸어버렸고,

심지어 직접 진나라 군대의 본부로
쳐들어가기도 했어…

주문(周文)은 진(陳)의 현자였다…
진승이 그에게 장군의 도장을 주고
서쪽으로 진(秦)을 치게 했다.
가면서 병사들을 모아
함곡관에 이르자 전차가 천 대에
병사가 수십만 명에 이르렀다.
희(戱)에 이르러 군대를 주둔시켰다.
《사기(史記)·진섭세가(陳涉世家)》

진승 고양이의 과거를 살펴보면,

그는 그저 평범한 군인이었어.

7월, 지금의 베이징 근처
어양 지역에 파견되어
변경을 지키던 900여 명…
진승과 오광은 당시
그 부대의 대장이었다.
고단샤《중국의 역사 3 -
시황제의 유산, 진한(秦漢)제국》

그리고 가난했지….

하지만 진승은
가난한 집안의 자식이었다.
《과진론(過秦論)》

심지어 별 재능도 없었어….

그의 재능은 평범한 사람에도
미치지 못했고,
공자나 묵자의 현명함,
도주(陶朱)나 의돈(猗頓)의
부유함도 없었다.
《과진론(過秦論)》

하지만 그의 행동은 마치
화약통에 들어간 불씨처럼,

진승이 반란을 일으켜
장초(張楚) 정권을 세우며
온 나라를 뒤흔들었다.
중국 저우커우(周口)시
시당위원회 사무실
《저우커우의 명인》

순식간에 전국에서
진(秦)을 반대하는 운동을 일으켰지.

이 무렵 초의 병사 수천 명이
떼를 지어 모여들어
그 수를 헤아릴 수 없을 정도였다.
《사기(史記)·진섭세가(陳涉世家)》

폭풍우 같은 농민들의 반란은 사회
각계각층을 휘저어 놓았다.
바이서우이(白壽彝)
《중국통사(中國通史)》

천하가 진나라 때문에 고통을 받은 지 오래였고,
중국 역사상 처음으로 농민들이 대규모로 들고일어난 거야.

진시황이 죽기 전에 이미
백성들의 분노가 들끓고 있었다.
바이서우이(白壽彝)
《중국통사(中國通史)》

진승은… 중국 역사상 처음
농민들이 들고일어난
위대한 혁명의 폭풍우를 몰고 왔다.
중국 저우커우(周口)시 시당위원회
사무실《저우커우의 명인(周口名人)》

순식간에 각 지방의 영웅호걸들이
하나둘 그 기세를 따라 들고일어났고,

그렇게 거대했던 진 제국이 완전히 무너지기 시작했어.
각 지방 세력의 목표는 단 하나!
포악한 정치를 일삼는 진나라를 뒤엎는 것이었어!

그리고 그중에 한 소년 패주가
서서히 두각을 나타내고 있었어. 그는 누구일까?

이어서 계속

---

20) 강회(江淮) : 지금의 장쑤(江蘇)성과 안후이(安徽)성 일대. – 역주.

편집자의 말 ◇◇◇◇◇◇◇◇◇◇◇◇◇◇◇◇◇◇◇◇◇◇◇◇◇◇◇◇◇◇◇

'지각하면 사형을 내리는 법'은 진률이 얼마나 가혹했는지를 묘사하고, 진승과 오광이 반란을 일으킨 원인으로 알려져 있다. 하지만 최근 한 역사 애호가가 역사 연구 중 발견한 '수호지 진묘 죽간(睡虎地秦墓竹簡)・요역(徭役)'을 근거로, 지각하면 재물을 벌금으로 낼 뿐 사형을 내리지는 않았다며, 진승과 오광이 애초에 다른 꿍꿍이가 있었다고 단정했다. 사실 이는 '요역'에 대한 잘못된 해석이다. 서한 이전에는 요와 역을 이어서 쓰는 경우가 거의 없었다. '요'는 본래 노역을 뜻해 성벽이나 궁을 짓는 등의 육체적 노동을 말하지만, '역'은 진승과 오광과 같이 어양(漁陽)의 서북쪽으로 파병되는 군사 징집이다. 그래서 '요역'의 내용으로 보든, 제목으로 보든 모두 이 경우에 적용할 수는 없다. 이 외에, '요역'은 전국시대 말기에서 진시황 시기에 만들어진 책으로, 진나라 2대 황제 시기의 상황에 대한 기록이 없다. 하지만《사기(史記)・진시황본기(秦始皇本紀)》중 "2대 황제인 호해가 함양으로 돌아와서… 법의 집행이 갈수록 각박해졌다"라는 표현에 근거해보면 진승과 오광이 반란을 일으켰을 때 진률이 그전보다 더 가혹해졌음을 알 수 있다. 어쨌든 진승과 오광의 반란이 가장 먼저 진 나라를 무너뜨리는 계기를 만들어서 이후 각 지방의 영웅들이 힘을 합쳐 진의 폭정을 뒤엎는 데 기초를 깔았다. 이는 의심할 수 없는 공적이다.

진승 역 - 물만두

참고문헌 :《한서(漢書)》,《사기(史記)》,《과진론(過秦論)》, 고단샤《중국의 역사 3 - 시황제의 유산, 진한(秦漢)제국》, 바이서우이(白壽彝)《중국통사(中國通史)》및《중국통사강요(中國通史綱要)》, 중국 저우커우(周口)시 시당위원회 사무실《저우커우의 명인(周口名人)》

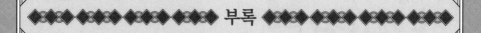
진승의 죽음

진승은 왕이 된 지 6개월도 되지 않아 자신의 마부에게 살해당했어. 그 마부는 진승을 죽인 뒤 진나라 군에 투항했어.

죄수 부대

진승의 군대가 관중21) 지역을 공격하자, 한동안은 죄수들에게까지 무기를 나누어 주고 전쟁에 참여시킬 수밖에 없었어.

한(漢)나라의 추모

비록 진승의 반란은 실패로 돌아갔지만, 진나라를 무너뜨리는 계기가 되었어. 한나라는 그를 치하하기 위해서 '은왕(隱王)'이라는 시호를 내리고 사람을 보내 그의 무덤을 지키게 했어.

21) 관중(關中) : 산시(陝西)성 웨이허(渭河) 유역 일대. - 역주.

야옹이들의 프로필

<물만두의 생일 1>

<물만두의 생일 2>

물만두

양자리
생일 : 4월 1일
키 : 177cm
가장 좋아하는 꽃 : 재스민
가장 좋아하는 음식 : 치킨
성격 : 아이 같은 면이 조금
있지만, 적극적이고 활력이
넘친다.

(인간 물만두 소개)

물만두네 가게
Shuijiao's Shop

제 29 장

●

초나라 항우의 등장

진나라 말기,
장기간의 잔혹한 통치로

백성들은 큰 압박을 받고 있었어.

"압박과 착취가 심하면 백성은 반항하기 마련이다"라는 말처럼,
한 번 반항의 불길이 일어나니

순식간에 통제할 수 없는 지경에 이르렀고,

농민의 반란이라는 폭풍우는
사회의 각계각층을 휘저어 놓았다.
바이서우이(白壽彝)
《중국통사(中國通史)》

진승의 반란은 진나라 2대 황제의
멸시와 부정으로
멈출 수 있는 것이 아니었다.
오히려 이는 들판에 번진 불길처럼
그 세력이 매우 빠르게
강력해졌다.
바이서우이(白壽彝)
《중국통사(中國通史)》

온 나라에서 호걸들이 모여들어
그에게 호응했으며
수많은 사람들이 식량을 들고 와
그를 그림자처럼 따랐다.
《과진론(過秦論)》

진나라가 걱정해야 할 일이
끊임없이 발생했지.
전국 각지에서 반란이 일어났고,

여섯 나라의 떠돌던 백성들도
하나둘씩 돌아온 거야.

진승이 스스로를 진(陳)왕으로
칭한 일을 계기로 연, 조, 제, 초,
한, 위에서도 잇달아 스스로 왕이라
칭하는 일이 일어났다. 옛 여섯 나라가
이 일로 인해 부활한 것이다.
고단샤《중국의 역사 3 – 시황제의 유산,
진한(秦漢)제국》

여섯 나라의 옛 귀족들이
진나라를 반대하는 거센 흐름 속으로
휘말려 들어왔다.
바이서우이(白壽彝)《중국통사(中國通史)》

초나라 항우의 등장

진나라에겐 스트레스였지….

진승은 진(陳)을 중심으로 반란군들과 각지의 진나라를 반대하는 무장 세력들을 빠르게 조직한 뒤 여러 갈래로 나뉘어 출격했고, 각각의 전선에서 진나라 황실과 진나라 통치 아래에 있는 지역을 향해 공세를 펼쳤다.

바이서우이(白壽彝)
《중국통사(中國通史)》

그런데
처음에 진나라를 반대하는 움직임이
매우 강했지만,

제국의 정예부대를 당해내지 못했어.

하지만, 12월에 진승은 살해되었다… 불과 6개월이라는 짧은 왕조는 이렇게 끝이 났다. 이때, 진 나라 장군 장한(章邯)이 반격을 시작해 진나라는 잠깐이나마 우세를 점했다.

고단샤
《중국의 역사 3 - 시황제의 유산, 진한(秦漢)제국》

이에 전투력을 높이기 위해서
진나라를 반대하는 세력들이 하나로 뭉치기 시작했지.

> 사람들의 마음을 진정시키기 위해
> 반란군들은 강하게 뭉쳤고,
> 항량[22]은 여러 장수들을 불러
> 설[23]현에서 앞으로의 일을 논의하고,
> 진나라를 뒤엎을 계획을 세웠다.
>
> 바이서우이(白壽彝)
> 《중국통사(中國通史)》

이 중에,
초나라의 깃발을 높이 든 반란군이 가장 용맹했어.

> 이 혁명전쟁이
> 이때(설현에서의 회의)까지는
> 진승을 우두머리이자
> 상징으로 삼았다면,
> 이후 한동안은 항량(초나라)을
> 맹주로 삼았다.
>
> 바이서우이(白壽彝)
> 《중국통사(中國通史)》

이는 한 장군과 관련이 있었는데,

---

22) 항량(項梁) : 중국 진 말기의 반란군 지도자. – 역주.
23) 설(薛) : 지금의 산둥(山東)성 텅저우(滕州)시. – 역주.

그가 바로 항우(項羽) 고양이였어!

항우는 역사에 길이 남아
절대로 사라지지 않을 공적을 세웠다.
그는 진 말기 농민들의 반란 당시
가장 우수한 지도자라고 말하기에
전혀 손색이 없는 사람이었다.

바이서우이(白壽彝)
《중국통사(中國通史)》

항우의 집안은 대대로
초나라 장군의 집안이었고,

항씨는 대대로
초나라의 장군이었다.
《사기(史記)·항우본기(項羽本紀)》

항우 고양이의 할아버지는
진나라가 초나라를 멸망시킬 때,
진나라에 대항했던 유명한 장수였지.

그의 작은아버지는
항량(項梁)이었고,
항량의 아버지가
초의 장군 항연(項燕)이었다.
《사기(史記)·항우본기(項羽本紀)》

그래서 초나라 사람들에게
항씨 가문은 명망이 높았어.

항연이라는 이름만으로도
충분히 초나라 사람들을
진나라를 반대하는 그의 군대로
들어오게 할 수 있었다.
젠보짠(翦伯贊)《진한사(秦漢史)》

항우 고양이는 체구가 건장하고,
머리가 총명했지만,

항적[24]은 키가 8척이 넘고
세발솥을 들어 올릴 만큼
힘이 셌으며, 재능이 남달랐다.
《사기(史記)·항우본기(項羽本紀)》

빈둥거리는 것을 좋아하고…
공부하는 것을 좋아하지 않았어….

어릴 적 항우는
글도, 검도 제대로
배우지 못했다.
린젠밍(林劍鳴)《진한사(秦漢史)》

24) 항적(項籍): 항우의 본명. 자(字)가 우고, 이름은 적이다. – 역주.

일반 지식

안 해!

치워!

항적은 어렸을 때
글공부를 마치지 못했고
《사기(史記) · 항우본기(項羽本紀)》

병법

검술을 배웠다.
《사기(史記) · 항우본기(項羽本紀)》

안 해!

치워!

대략 그 뜻만을 알고
또 끝까지 배우려 하지 않았다.
《사기(史記)·항우본기(項羽本紀)》

아무튼 아무것도 마음에 들어 하지 않았지.

"글은 이름만 쓸 줄 알면 되고,
검은 한 사람만 상대하는 것이니
배울 게 못 됩니다."
《사기(史記)·항우본기(項羽本紀)》

어느 날, 그가 진시황의 행차를 보더니

진시황제가 회계(會稽)산을 유람하고 절강(浙江)을 건널 때
항량과 항적이 함께 구경했다.
《사기(史記)·항우본기(項羽本紀)》

갑자기 이렇게 말했어.

항적이 "저 자리를
대신 차지하겠습니다"라고
말했다.
《사기(史記)·항우본기(項羽本紀)》

내가
저 자리를
차지할 거야!

놀란 그의 숙부가 황급히 그의 입을 막았지.

항량이 그 입을 막으며
"말을 함부로 하지 말아라.
삼족이 죽는다"라고 말했다.
《사기(史記)·항우본기(項羽本紀)》

하지만 결국 그를 이길 자는
아무도 없게 되었어.

항우에게 따로 양성을
공격하게 했으나,
양성²⁵⁾이 단단히 버티는 바람에
함락시키지 못했다.
그러나 결국엔 함락시켰다.
《사기(史記)·항우본기(項羽本紀)》

공격.

무적

---

25) 양성(襄城) : 지금의 허난(河南)성 중부 지역. – 역주.

진나라를 반대하는 운동이 일어난 뒤,
항우 고양이는 8,000명의 청년 병사들과 함께 들고일어났고,

오중[26)]의 군대로 군사를 일으켰다.
사람을 보내 현(縣)들을 거두어
정예병 8천을 얻었다.
《사기(史記)·항우본기(項羽本紀)》

초나라의 왕을 세워서
명분을 챙겼어.

평범한 백성들 사이에서
양을 치며 살던 회(懷)왕의 손자
심(心)을 찾아 다시 회왕으로 세웠다.
이는 백성들이 바라던 바를
따른 것이다.
《사기(史記)·항우본기(項羽本紀)》

그들은 계속 적들을 물리쳐 나갔지.
하지만 대 진나라 군대가 그렇게 호락호락하진 않았어.

---

26) 오중(吳中) : 지금의 장쑤(江蘇)성 쑤저우(蘇州)시 지역. - 역주.

주력군이 도착하자,
다른 반란군들은 앓는 소리가
절로 나올 때까지 얻어맞았지.

과연 진은 병사를 총동원해서
장한(章邯) 장군을 지원했다.
이들은 초의 군대를 공격해
정도[27]에서 대파했고,
항량은 전사했다.

《사기(史記)·항우본기(項羽本紀)》

똑같이 들고일어선
조나라의 군사들은

심지어 포위까지 당하고,
결국 거록으로 도망쳤어.

(진나라 군은) 황하를 건너
조를 쳐서 대파했다.
당시 조헐(趙歇)이 왕이었고,
진여(陳餘)가 장군, 장이(張耳)가
승상이었는데
모두 거록[28]으로 도망쳤다.

《사기(史記)·항우본기(項羽本紀)》

---

27) 정도(定陶) : 지금의 산둥(山東)성 허쩌(菏澤)시. - 역주.
28) 거록(巨鹿) : 허베이(河北)성 지역. - 역주.

이곳이 바로 거록이야.

진나라 군대가
너무 강했기 때문에

또 누구~!!

다른 반란군들은 감히 구하러 갈 생각을
전혀 할 수 없었는데,

항우 고양이가 군대를 이끌고 돌진했어….

송의(宋義)를 상장군에 임명했다.
항우는 노공[29]에 봉해져 차장군으로,
범증(范增)은 말장군으로 임명해
조를 구하게 했다.
《사기(史記)·항우본기(項羽本紀)》

그는 가기 전에, 도망칠 때 필요한 배와 밥 해먹을 솥을…

전부 망가뜨렸는데,

항우가 바로 병사를
있는 대로 이끌고
장하[30]를 건넌 다음,
배는 물에 가라앉히고
솥과 시루를 깨버렸다.
막사도 불태우고
사흘 양식만 지니게 했다.
《사기(史記)·항우본기(項羽本紀)》

---

29) 노공(魯公) : 노나라 땅의 제후. – 역주.
30) 장하(漳河) : 허베이(河北)성과 허난(河南)성의 경계를 흐르는 강. – 역주.

그 의미는 바로 이런 거였지.

적을 무찌르지 못하면 나는 돌아가지 않겠다!!

병사들에게 자신이
필사의 각오를 다지고 있으며,
돌아갈 마음이
전혀 없음을 나타냈다.

《사기(史記)·항우본기(項羽本紀)》

잠깐…
넌 안 가고 싶어도, 병사들은 가고 싶을 거 아냐!

형님!!
진정하세요!!

이렇게 물러날 곳이 없어지자
역시나 병사들의 전투력이 폭발했어.

초의 전사들은
1당 10이 아닌
전사가 없었다.
초의 병사들이
함성을 지르면
하늘이 울렸다.

《사기(史記)·
항우본기(項羽本紀)》

공격!
퇴로는
없다!

그래!

항우가 이끄는 초의 5만 군사들은
진나라 장한 장군이 이끄는
40만여 명의 진나라 주력군과
거록에서 교전했다.
항우는 솥을 부수고
배를 가라앉히는
필사의 각오로 20만 진나라 군을
무찔러 진나라 군에
심각한 손해를 입혔고,
나머지 20만 군사가
얼마 지나지 않아
투항하도록 압박했다.

인민교육출판사
《의무교육 교과서·
7학년 역사 상권(교사용)》

결국 5만의 반란군이 빠득빠득
40만의 진나라 군에 승리했지.

이 전쟁을 겪으면서,
항우 고양이의 명성이 자자해졌어.

이 전쟁을 통해 항우는
여러 반란군들의 우두머리로
자리 잡았다.

인민교육출판사
《의무교육 교과서·
7학년 역사 상권(교사용)》

진나라 말기의 반란군과
진나라 군의 주력 부대와의
한 차례 결정적인 전쟁에서
항우는… 군사를 이끌고
진나라 군대와 결전을 치렀고,
진나라 군대를 대파했다…
거록 지역의 포위를 풀었다.

《2016년 전국 석사 입학시험
·역사학 기초 명사 해석》

역사는 이 전쟁을 '거록대전'이라고 불러!

巨鹿之战
거 록 대 전

진나라에 대항할 때 나서지 않았던 제후들이
하나둘씩 항우 고양이에게 복종하면서

항우는 제후군의 장수들을 불렀다.
그들 중 전차를 세워 만든
원문(轅門)으로 들어올 때
무릎을 꿇고 기어서 들어오지
않는 자가 없었고,
감히 고개를 들어
올려다보지도 못했다.
《사기(史記)·항우본기(項羽本紀)》

항우 고양이는 단숨에 반란군의
우두머리인 '맹주'가 되었어.

항우는 이렇게 처음으로
제후군의 상장군이 되었고,
제후군은 모두 그에게
속하게 되었다.
《사기(史記)·항우본기(項羽本紀)》

거록대전을 겪으면서
진나라는 주력군을
거의 다 잃었기 때문에,

(거록 전쟁에서) 농민의 반란을
진압하려던 진나라 군의
주력 부대를 한 번에 무너뜨리며
진나라를 반대하는 투쟁에서
결정적인 승리를 얻었다.

바이서우이(白壽彝)
《중국통사(中國通史)》

초나라 항우의 등장

대 진 제국은 상황을 뒤엎을
기회도 잃어버렸어….

이 전쟁을 통해…
진나라는 유명무실해졌다.

인민교육출판사
《의무교육 교과서·
7학년 역사 상권(교사용)》

한편 항우 고양이는 반란을 일으킨 군사들을 이끌고
서쪽으로 진출하기 시작했어.

항우는 왕리, 장한의 군대를 멸한 뒤
서쪽으로 진군에 박차를 가했다.

바이서우이(白壽彝)
《중국통사(中國通史)》

수도에 있는 진나라 왕도 없애려고 한 거지.

하지만 항우는…
그가 진나라 주력군과 거록에서 목숨을 건 결전을 치르는 동안,
누군가 이미 자신을 앞서 서쪽의 함곡관으로 들어가서

항우가 북상해 조나라를 구원할 때,
그는 다른 길로 나가
서쪽 관중으로 가는 길에 올랐다.
바이서우이(白壽彝)
《중국통사(中國通史)》

직접 진나라를 멸망시켰다는 사실을 알지 못했어.

(거록 전쟁)은 그가
함곡관으로 들어가
진 황조를 뒤엎는 데에
매우 유리한 조건을
만들어주었다.
바이서우이(白壽彝)
《중국통사(中國通史)》

이 사람은 누구일까?

이어서 계속

편집자의 말 ◇◇◇◇◇◇◇◇◇◇◇◇◇◇◇◇◇◇◇◇◇◇◇◇◇◇◇◇◇◇◇◇◇◇◇◇◇

　항우의 어린 시절과 떼려야 뗄 수 없는 중요한 인물이 바로 항량이다. 그는 어려서부터 숙부인 항량과 함께 생활했다. 글을 읽고 쓰는 법, 군사를 지휘하고 진을 치는 법 모두 항량이 가르친 것이다. 대택향에서 반란이 일어난 뒤, 항우는 항량을 따라 군사를 일으켰다. 진승이 죽은 뒤, 항량은 반진군의 실질적 우두머리가 되었고, 그가 습격을 받아 살해될 때까지 항우는 줄곧 항량 밑에서 군사를 이끌고 전쟁에 나섰다.

　거록대전 당시, 항우는 차장군의 신분으로 상장군을 따라 조나라를 구하러 갔다. 당시, 상장군 송의가 46일 동안 한 자리에 멈추어 서서 공격하려 하지 않자, 항우는 결단을 내리고 송의를 죽여 지휘권을 손에 넣은 뒤, 배를 물에 가라앉히고, 솥을 부수는 각오로 진나라 군대를 대파했다. 이 전쟁은 전체 반진 전쟁의 전세를 뒤바꿨을 뿐만 아니라, 항우의 대단한 용맹함과 결단력을 드러내주었다.

항우 역 - 튀긴 꽈배기

참고 문헌 : 《사기(史記)》, 《과진론(過秦論)》, 고단샤 《중국의 역사 3 - 시황제의 유산, 진한(秦漢)제국》, 《2016년 전국 석사 입학시험 · 역사학 기초 명사 해석》, 바이서우이(白壽彛) 《중국통사(中國通史)》, 젠보짠(翦伯贊) 《진한사(秦漢史)》, 린젠밍(林劍鳴) 《진한사(秦漢史)》, 인민교육출판사 《의무교육 교과서 · 7학년 역사 상권(교사용)》

전쟁의 신 항우

항우는 전투력이 매우 강했어.
기록에 따르면, 그는 혼자 힘으
로 100명을 무찌를 수 있었어.

명마 '오추마(烏騅馬)'

항우에게는 '추'라는 명마가 있
었어('오추'라고 부르기도 해).
이 말은 5년 동안 항우와 함께
전쟁을 치렀고, 하루에 천 리를
달릴 수 있었어.

양을 치던 초왕

항우가 세운 초왕은 초회왕의
손자였어. 왕위에 오르기 전
엔 양을 치며 먹고살았어.

야옹이들의 프로필

<규칙적인 소년>

<아침 조깅>

꽈배기

염소자리
생일 : 12월 24일
키 : 178cm
가장 좋아하는 꽃 : 데이지
가장 좋아하는 음식 : 라면
성격 : 낯을 가리는 편이며,
착하고, 겁은 많지만 강인하다.

(인간 꽈배기 소개)

꽈배기네 가게
Mahua's Shop

제 30 장

·

진나라를 멸망시킨 유방

진나라 말기의 잔혹한 통치는
백성들을 극심한 고통으로 몰아넣었어.

진나라는 백성들을
잘 다스리려고 했지만,
실패한 것은 백성들을
포악한 정치로 다스리고,
극한 형벌을 주었기 때문이다.

육가(陸賈)《신어(新語)》

그래서 진나라를 반대하는
첫 포문이 열린 후부터

그래서 진승과 오광은
대택향에서 반란을 일으켜
진나라 말기 농민 전쟁의
서막을 열었다.

바이서우이(白壽彝)
《중국통사(中國通史)》

영웅호걸들이 진나라를
뒤엎기 위해 들고일어났지.

진승과 오광이…
정권이 세워진 뒤,
각지의 가난한 농민들과
다른 진나라를 반대하는
세력들이 하나둘씩 거병해
그들의 반란에 호응했다.

인민교육출판사
《의무교육 교과서·
7학년 역사 상권(교사용)》

반란의 불길이 빠르게
진나라를 불태웠어.

대택향에서 타오른 혁명의 불길은
빠른 속도로 전국 대부분 지역에
불길을 일으켰고…
전국적인 위대한 농민 전쟁이
일어났다.
린젠밍(林劍鳴)《진한사(秦漢史)》

반란군의 끝없는 맹공으로
진 왕조의 통치는 날이 갈수록 약해졌지.

성을 치고 땅을 빼앗아,
모조리 항복시켰다.
유안(劉安)《회남자(淮南子)》
농민 군대의
강력한 공격으로…
진나라는 이미
산산조각 나고 있었다.
린젠밍(林劍鳴)《진한사(秦漢史)》

진나라의 멸망까지 마지막 한 고비만 넘으면 되는 거였어.

죽었다!

그럼 최후에 진나라를 멸망시킨 이번 라운드 MVP는 대체 누구였을까?

초의 군대가
관중 지역을 도륙하고
유방이 패상[31]으로 들이닥치니
자영[32]은 흰 수레에 천을
목에 감은 채 황제의 부절과
옥새를 새로 황제가 될 사람에게
되돌려 주었다.

《사기(史記)·
진시황본기(秦始皇本紀)》

*'Most Valuable Player'의 약자로,
가장 잘한 선수를 말한다

그는 바로 유방(劉邦) 고양이였어!

유
방

한 원년(기원전 206년) 10월,
패공[33]의 군대가 마침내
제후들보다 먼저
패상에 이르렀다.
진왕 자영은 흰 수레에
흰 말을 타고
목에는 줄을 맨 채
황제의 옥새와 부절을 봉해
지도[34]근처에서 항복했다.

《사기(史記)·
고조본기(高祖本紀)》

유방 고양이는 모략가도 아니었고,

군막 안에서 계책을 짜서
천 리 밖의 승부를
결정짓는 것은
내가 자방[35]만 못하다.

《사기(史記)·
고조본기(高祖本紀)》

---

31) 패상(霸上) : 지금의 산시(陝西)성 시안(西安)시 지역. – 역주.
32) 자영(子嬰) : 진나라의 3대 왕이자 마지막 왕. – 역주.
33) 패공(沛公) : 유방이 지금의 장쑤(江蘇)성 쑤저우(蘇州)시 지역인 패(沛) 출신인 데다가 그곳에서 봉기를 일으켜 패공이라 불렀다. – 역주.
34) 지도(軹道) : 지금의 산시(陝西)성 시안(西安)시의 역참. – 역주.
35) 자방(子房) : 유방의 책사 장량(張良). – 역주.

전쟁의 신도 아니었어.

백만 대군을 이끌어 싸우면
승리하고 공격하면
반드시 얻어내는 것은
내가 한신[36]만 못하다.
《사기(史記)·고조본기(高祖本紀)》

오히려… '망나니'에 가까웠지….

유방 고양이는 신분이 낮았고,

유방… 신분이 너무 낮아
부모의 이름도 역사책에
남길 수 없었다.
고단샤《중국의 역사 3 –
시황제의 유산, 진한(秦漢)제국》

36) 한신(韓信) : 유방의 대장군. – 역주.

본명이 유계(劉季)였는데,

유방은 패현 풍읍(豐邑)
중양리(中陽里) 사람으로
성은 유, 자는 계였다.
《사기(史記)·고조본기(高祖本紀)》

계는 나이가 가장 어리다는 의미였어.

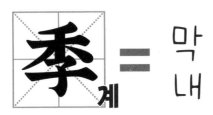

백중숙계(伯仲叔季),
형제간의 서열을 나이순으로
차례대로 나타내는 말로,
백(伯)은 맏이,
계(季)는 막내를 뜻한다.
《중국 전통 문화 사전》

사실상 '일남', '이남' 같은 이름보다 크게 나을 게 없었지….

쉿!

유방 고양이는 어릴 때부터 먹는 걸 좋아하고
움직이는 걸 귀찮아했는데,

> 집안의 생산 작업을
> 돌보지 않았다.
> 《사기(史記)·고조본기(高祖本紀)》

하는 일이 밖에서 싸돌아다니거나
나가서 술 마시는 것밖에는….

나 혼자
술을
먹고…

> 술과 여자를 좋아해
> 《사기(史記)·
> 고조본기(高祖本紀)》

그런데 이렇게 무개념으로 살아도 정의로움은 중요하게 생각했어.
(최소한 막 시작했을 때는 이랬을 거야.)

건배하자고!

> 어질고 사람을 좋아했으며
> 베풀기를 즐거워하고
> 마음이 트여 있었다.
> 《사기(史記)·
> 고조본기(高祖本紀)》

성인이 된 유방은 고향에서 작은 관직에 올랐어.

정장[37]…

장년[38]에 시험을 쳐서
관리가 되었는데
사수정(泗水亭)의
정장(亭長)이 되었다.
《사기(史記)·
고조본기(高祖本紀)》

어느 날, 그가 죄인들을 압송하는데,

여러분, 이쪽으로 오세요.

정장이었던 유방은
현을 위해 여산[39]으로
죄수들을 호송한 적이 있다.
《사기(史記)·
고조본기(高祖本紀)》

아직 목적지까지는 한참이 남았는데,
죄인들이… 이미 대부분 도망가고 없었지….

뒷 분들은요?

도중에 도망간 자들이 많았다.
《사기(史記)·
고조본기(高祖本紀)》

---

37) 정장(亭長) : 도적을 잡기 위해 10리마다 설치된 정(亭)을 관리하는 사람. – 역주.
38) 장년(壯年) : 30~40대. – 역주.
39) 여산(酈山) : 지금의 산시(陝西)성 시안(西安)시에 있는 산. – 역주.

그 당시엔 죄인들을 도망가게 했다간,
사형을 면치 못했어….

죄인들을 호송하는 책임을 맡은
유방은 "스스로 헤아려 보니
도착할 때쯤이면 다 도망가고
없을 것 같았다." 그러면 그는
임무를 마치지 못할 것이고
큰 벌을 받을 것이 분명했다.
린젠밍(林劍鳴)《진한사(秦漢史)》

어떡하지….
그래, 이 김에 남은 사람들도 다 풀어주자….
(잘못 본 거 아님!)

밤이 되자
호송하던 죄수들을
풀어주었다.
《사기(史記)·
고조본기(高祖本紀)》

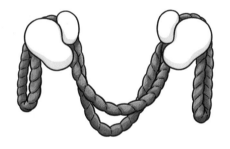

그리고 자신의 의사를 밝혔지.

저도
도망칠래요.

가세요.

"당신들은 모두 가시오.
나도 여기서
사라질 것이오"라고 말했다.
《사기(史記)·
고조본기(高祖本紀)》

오히려 이 행동은 죄인들의 마음을 감동시켰고…

잔… 잔짜요?

죄수들 중
장사 10여 명이
그를 따르길 원했다.
《사기(史記)·
고조본기(高祖本紀)》

그렇게 유방 고양이는 이 무리의 대장이 되었어.

사람들을 데리고 이리저리 숨어다녔는데…

도망 보이즈

유방이… 도망쳐 숨었는데,
망산[40]과 탕산[41] 사이
늪지 깊은 골짜기로 숨었다.

《사기(史記)·
고조본기(高祖本紀)》

40) 망산(芒山) : 허난(河南)성에 위치한 산. – 역주.
41) 탕산(碭山) : 안후이(安徽)성에 위치한 산. – 역주.

잘 풀리려면 또 이렇게 잘 풀리는 법.
유방 고양이가 도망 다닌 지 얼마 되지 않아, 진나라가 '폭발'한 거야….

진(秦) 2세 원년(기원전 209) 가을, 진승 등이 기현[42]에서 봉기해
진(陳)에서 왕이 되니 (나라 이름을) '장초(張楚)'라 했다.
《사기(史記)·고조본기(高祖本紀)》

전국 각지에서 진나라를 반대하는 운동이 대규모로 일어났어.

여러 군현에서
그곳의 관리들을 죽이고
진섭에게 호응했다.
《사기(史記)·
고조본기(高祖本紀)》

---

42) 기현(蘄縣) : 지금의 허베이(湖北)성 치춘(蘄春)현 남쪽 지역. – 역주.

유방 고양이도 이에 따라 군사를 일으켜서
일 한번 내보려고 했지.

유계를 패공으로 세웠다…
설현에 속한 지역인
호릉(胡陵)과 방여(方輿)를
공격한 다음
돌아와 풍읍을 지켰다.

《사기(史記)·
고조본기(高祖本紀)》

하지만 다른 반란군 우두머리에 비해…
유방 고양이는 병사들을 이끈다고 말할 수도 없었어….

무공이 너무 약했거든…

유방이
군사를 일으키고 나서 얻은
거의 모든 승리의 묘수는
다른 사람의 머릿속에서
나온 것이었다.

바이서우이(白壽彝)
《중국통사(中國通史)》

하지만 유방은 스스로 약한 것을 잘 알아서
다른 사람의 의견에 귀를 매우 잘 기울였어.

> (유방은) 능력이 출중한
> 사람만을 우대하는
> 방침을 시행했다.
> 경력이나 영역에
> 상관없이…
> 인재는 모두 뽑혀
> 쓰임을 받았다.
> 린젠밍(林劍鳴)
> 《진한사(秦漢史)》

오랜 시간이 지나자,
유방 고양이의 곁에 크고 작은 여러 인재가 모였지.

> 유방의 무리 중에는
> 일부 하급 관리들을
> 제외하고는 다양한 직군의
> 인재들이 모였다.
> 고단샤《중국의 역사 3 -
> 시황제의 유산,
> 진한(秦漢)제국》

그의 평판이 높아짐과 동시에 군대도 점점 강해졌어.

> 몇 년이 지나지 않아
> 이미 많은 사람들이 모여
> 유계의 무리는
> 이미 수백 명이나 되었다.
> 린젠밍(林劍鳴)
> 《진한사(秦漢史)》

---

43) 소하(蕭何) : 유방의 책략가. - 역주.
44) 조참(曹參) : 문무를 겸비한 유방의 장군. - 역주.
45) 역이기(酈食其) : 유방의 참모. - 역주.

당시 상황에서,
진 제국은 엄청난 압박을 받고 있었어.

농민들의 반란은 …
제방에서 터져 나오는 물처럼
그 기세를 막을 자가 없었다.

린젠밍(林劍鳴)《진한사(秦漢史)》

황제는 매일 놀 생각만 하고,

자신의 자리가
굳건하리라 믿었던
진나라 2세는 반란군을
매우 얕잡아 보았다.

린젠밍(林劍鳴)《진한사(秦漢史)》

반란군의 규모는 거대했기 때문이었지.

이런 상황에서,
반란군은 군을 나누어 전쟁을 치르기로 했어.

어떤 사람이
군대를 둘로 나누어
한 무리는 진나라를 치고,
한 무리는 조나라를
구원해야 한다고 말했다.

뤼쓰미안(呂思勉)
《백화본국사(白話本國史)》

한쪽은 북쪽으로 진격해
진나라의 주력군과 싸우고,

회왕은 송의를
상장군에 임명했다.
항우를 노공에 봉해 차장군으로,
범증은 말장군으로
임명해 조를 구하게 했다.
《사기(史記)·고조본기(高祖本紀)》

다른 한쪽은 서쪽으로 진격해
진나라의 본거지를 치는 거지.

패공에게는
서쪽을 공략해
함곡관에 들어가게 했다.
《사기(史記)·고조본기(高祖本紀)》

진나라를 멸망시킨 유방

유방 고양이가 바로 서쪽으로 진격하는 쪽이었어!

패공을 보내어
서쪽을 공략하게 했다.
《사기(史記)·고조본기(高祖本紀)》

그는 자신이 사리에 밝고
다른 사람들의 의견을 잘 들으니
그것만 믿고 움직였어…

이해가
안 돼…

(유방은) 사람의 능력을
잘 파악해 적재적소에
잘 임용하고,
아랫사람의 간언[46]을
잘 받아들이는 사람이었다.
바이서우이(白壽彝)
《중국통사(中國通史)》

---

46) 웃어른이나 임금에게 옳지 못하거나 잘못된 일을 고치도록 하는 말. – 역주.

장애물이 생기면,

유방의 군사는
진나라 군사와의 전쟁에서
승리하지 못했고,
창읍[47]을 공격했으나
함락시키지 못했다.

린젠밍(林劍鳴)《진한사(秦漢史)》

사람들에게 어떻게 할지 물었고,

역이기가 유방에게
계책을 냈다…
유방은 역이기의 건의를
받아들였다.

린젠밍(林劍鳴)《진한사(秦漢史)》

어떤 저항을 받으면,

진나라 장군 여의(呂齮)는
전쟁에서 패한 뒤
달아나 완성[48]을 지켰다.

린젠밍(林劍鳴)《진한사(秦漢史)》

47) 창읍(昌邑) : 산둥(山東)성 지역. – 역주.
48) 완성(宛城) : 허난(河南)성 난양(南陽)시 지역. – 역주.

사람들에게 어떻게 할지 물었지.

어떡해?

쓰고 있어요!
좀 기다리세요!

어쨌든 일은 잘 풀렸어….

장량이 그에게 완성을
먼저 칠 것을 권했다…
유방은 완성을 포위하고
강공을 준비했다. 이후
진회(陳恢. 남양 태수의 시종)의
의견을 받아들여 완성을
지키는 진나라 군의
항복을 약속받고…
완성 지역을 평화롭게
해결하고 나서 유방의 군사는
파죽지세로 전진했고,
각 지역은 완성의 경우와 같이
유방에게 투항했고,
반란군은 무관[49]까지
거침없이 진격했다.

린젠밍(林劍鳴)《진한사(秦漢史)》

유방의 서쪽 정벌이
빠른 시간 내에
이렇게 거대한 성과를
낼 수 있었던 것은
객관적인 조건에서 보면,
당시 농민들의 반란을 진압하던
진나라 주력 군사들이…
항우에 의해 연달아 무너졌기
때문에 유방이 진군하는 과정에서
일부 지역의 무장 세력들의
산발적인 공격 외에 그렇게
큰 저항을 받은 적이
거의 없었기 때문이다.

바이서우이(白壽彝)
《중국통사(中國通史)》

게다가 그때 진나라 주력군은,
밖에서 다른 봉기군과 싸우는 중이라

秦

49) 무관(武關) : 지금의 산시(陝西)성 상뤄(商洛)현 지역. – 역주.

안은 텅 비어 있었기 때문에…

자기도 모르는 사이에, 유방 고양이는
대 진나라의 수도를 함락시켰어…

한 원년 10월, 유방이 이끄는 군사들이 승리해
패상(覇上)에 이르렀다… 진왕 자영(子嬰)은…
유방에게 항복했다.
바이서우이(白壽彝)《중국통사(中國通史)》

맞아. 대 진 제국이… 이렇게 멸망한 거야.

한때 가장 흥했던
봉건 왕조가 결국
농민 전쟁으로 멸망했다.
바이서우이(白壽彝)
《중국통사(中國通史)》

중국 역사상 첫 번째 대제국이
이렇게 유방 고양이의 발아래 놓이게 되었어….

기원전 207년 10월,
유방이 패상에서
진나라 자영의
투항을 받았다.
바이서우이(白壽彝)
《중국통사(中國通史)》

이는 조금 불가사의한 일이었어.
멀리서 진나라 주력군에 대항하던 반란군들은
이 일을 알지도 못했으니 말이야.

진나라의 멸망은 폭정의 끝이자
이 봉기 운동의 전환점이 되었어.

전반전 종료!

진나라가 무너지면서
농민군의 반란은
농민군 우두머리들 간의
권력 다툼으로 바뀌었다.

바이서우이(白壽彝)
《중국통사(中國通史)》

진나라가 멸망했으니…

秦
진

또 누가 그 뒤를 이어
천하를 다스려야 할까?

야옹!

유방과 항우라는
두 거대한 진나라를
반대했던 주력군들 사이에
장장 5년간의 전쟁이
계속되었다.

바이서우이(白壽彝)
《중국통사(中國通史)》

이어서 계속

진나라를 멸망시킨 유방

진 왕조는 백성들을 끝없이 억압하고, 착취했으며, 이는 백성과 사회가 감당할 수 있는 정도를 한참 넘어섰다. 결국 나라에 큰 반란이 일어났다(《한서(漢書)》). 진나라의 통일은 불과 15년도 되지 않아 농민군에 무너졌다. 유방을 따라 농민군은 진나라의 수도를 공격해 무너뜨렸고, 그들에게 채워져 있던 겹겹의 족쇄를 풀고 사회의 발전을 추진할 수 있었다. 진나라 말기에 일어난 반란으로 심각한 타격을 입으면서 군중의 힘을 얕봤던 통치자들도 크게 한 방 먹었다. 진나라 이후의 수많은 정치가들이 진나라가 멸망한 원인과 교훈을 정리하려고 노력했고, 이로 인해 '백성'의 영향력을 더욱 중시하게 되었다.

유방 역 - 해바라기씨

참고문헌 : 《사기(史記)》, 육가(陸賈) 《신어(新語)》, 유안(劉安) 《회남자(淮南子)》, 《중국 전통 문화 사전》, 고단샤 《중국의 역사 3 - 시황제의 유산, 진한(秦漢)제국》, 바이서우이(白壽彝) 《중국통사(中國通史)》, 뤼쓰미안(呂思勉) 《백화본국사(白話本國史)》, 린젠밍(林劍鳴) 《진한사(秦漢史)》, 인민교육출판사 《의무교육 교과서 · 7학년 역사 상권(교사용)》

용의 아들

들리는 이야기로는, 어느 날 유방
의 어머니가 호숫가에서 쉬고 있
을 때 신을 만나고, 용이 몸을 휘
감는 꿈을 꿨는데, 그 이후 유방을
낳았다고 해.

대장부라면
저렇게 살아야지!

진시황을 우러러 보다

예전에 유방이 함양에 가서 부역을
하는데, 어느 날 진시황이 순시를
도는 모습을 보고 감탄하며 말했어.
"대장부라면 저렇게 살아야지!"

길에서 뱀을 베다

기록에 따르면, 예전에 유방이 술
에 취해 큰 뱀 한 마리를 죽였는
데, 어떤 사람이 그 뱀이 백제(白
帝)의 아들이고, 뱀을 죽인 유방이
적제(赤帝)의 아들이라고 했어.[50]

---

50) 중국의 오방(五方)을 주재하는 신(神)인 오제(五帝)에 청제(青帝), 적제(赤帝), 황제(黄帝), 백제(白
帝), 흑제(黑帝)가 있다. – 역주.

야옹이들의 프로필

해바라기씨 극장

<냉정해지는 방법>

인터넷 쇼핑몰을 운영하면서 마주칠 것 같을 때…

분명 택배비 미뜻함이라고 했는데 악플을 달다니!

나가서 폭식할 거야!

아무리 현명한 그도 충동적인 행동을 할 때가 있죠!

주문 할게요!

사장님! 사장님!

하지만 음식 가격이 그를 다시 냉정하게 만들어 주죠…

너무 비싸!

<절대 손해 보지 않을 거야>

높은 산 오르기

넓은 바다 건너기

이건 네 용감함을 보고 주는 상이다!

1,000원

앗!

고작 이걸 누구 코에 붙여

응

꿈에서도 손해 보기 싫은 해바라기씨예요!

해바라기씨

황소자리
생일 : 5월 3일
키 : 180cm
가장 좋아하는 꽃 : 진달래
가장 좋아하는 음식 : 스테이크
성격 : 머리가 좋고 영리하지만
다소 인색하다.

(인간 해바라기씨 소개)

해바라기씨네 가게
Guazi's Shop

100

제 31 장

•

항우와 유방의 만남

진나라 말기의 하늘엔 바람이 불고
먹구름이 몰려왔어.

진나라의 쇠락은
오래 쌓여온 것이었고,
천하는 마치 흙더미가 무너지고
기왓장이 부서지는 것 같은
모습이었다.
《사기(史記)·
진시황본기(秦始皇本紀)》

진나라의 포악한 정치로 인해
백성들은 분노한 나머지 반란을 일으켰고,
이렇게 진나라를 뒤엎으려는 운동이 시작되었지.

진나라의 잔혹하고 폭력적인 통치와
백성들에 대한 끊임없는 착취가
수많은 백성들에게 끊임없이
재앙을 몰고 와 사회적으로
충돌이 격렬했다.… 결국 진나라 말기
농민의 반란을 불러일으켰다.
인민교육출판사
《의무교육 교과서·
7학년 역사 상권(교사용)》

어마어마한 전쟁 끝에,

항우 고양이는 북쪽으로 올라가
거록에서 진 제국의 주력군을 무찔렀어.

거록 전쟁에서 항우는
진나라 주력군을 섬멸했다.
인민교육출판사
《의무교육 교과서·
7학년 역사 상권(교사용)》

하지만,
서쪽으로 갔던 유방 고양이가
진 제국의 본진을 점령해버렸지.

유방의 군사들이
진나라의 수도인
함양을 점령하며
강대국이었던 진나라의 멸망을
선포했다.
인민교육출판사
《의무교육 교과서·
7학년 역사 상권(교사용)》

약속에 따르면,
먼저 진의 본진인 관중에 들어가는 사람이…

왕이 될 수 있었어.

당시, 초나라 회왕은
장수들과 함곡관에
먼저 들어가는 사람을
그곳의 왕으로 봉할 것이라고
약속했다.
바이서우이(白壽彝)《중국통사(中國通史)》

앞서, 회왕은 장수들과 약속하길,
먼저 함곡관에 들어가는 사람이
그곳의 왕이 될 것이라고 했다.
《한서(漢書)·항적전(項籍傳)》

유방 고양이가 비록 싸움 실력은
별 볼 일 없었지만,

공격 : 5
방어 : 5
속도 : 10000

유방이 군사를 일으키고 나서
거의 모든 승리의 묘수는
다른 사람의 머릿속에서
나온 것이었다.
바이서우이(白壽彝)
《중국통사(中國通史)》

사람을 잘 쓸 줄 알았기 때문에,

(유방은) 사람의 능력을 잘 파악해
적재적소에 잘 임용하고,
아랫사람의 간언을
잘 받아들이는 사람이었다.
바이서우이(白壽彝)
《중국통사(中國通史)》

이 관중의 요지를 먼저
손에 넣을 수 있었던 거지.

얍.

도성이 얼마나 아름다운지!

재물과 보석이 얼마나 많은지!

정말 엄청나게 매력적이었어….

유방은… 그곳에 머무르며
이를 즐기고 싶은
마음이 들었다.
바이서우이(白壽彝)
《중국통사(中國通史)》

하지만 유방 고양이는
그래도 꾹 참았어.

왜 그랬을까?

관중에 들어가서는
재물에는 손도 대지 않고
여자도 가까이하지 않고 있습니다.
《사기(史記)·항우본기(項羽本紀)》

유방이 함양에서 물러나
패상으로 군사를 물렸다.
바이서우이(白壽彝)
《중국통사(中國通史)》

그가 주의해야 할
사람이 있었기 때문이었지.

유방이 함양에서 물러난 것은
황제가 되려는 욕망을
버려서가 아니라 당시에는
아직 자신보다 강한 항우라는
인물이 존재했기 때문이다.
린젠밍(林劍鳴)《진한사(秦漢史)》

그건 바로 진나라 주력군을 대파한
항우 고양이였어.

(거록 전쟁에서)
농민 반란을 진압하려던
진나라 군의 주력 부대를
한 번에 무너뜨렸다.

바이서우이(白壽彝)
《중국통사(中國通史)》

비록 먼저 들어간 사람이 왕이 되기로
약속을 하긴 했지만,

회왕께서 여러 장수들과
약속하길 "먼저 진을 깨고
함양에 들어가는 사람을
왕으로 세우겠다"라고
하셨습니다.

《사기(史記 ·
항우본기(項羽本紀)》

무력 앞에서 약속은
종이 쪼가리에 불과했어….

관중에 들어간
유방의 군사는 10만이었지만,
항우의 군사는 40만이었다.
만약 항우를 노하게 했다면
유방의 군사는 금방
평정당했을 것이다.

천순천(陳舜臣) 《중국사 풍운록》

쪼렙*의 유방 고양이는
난폭한 전사인 항우 고양이에게

이때 항우의 병력은
40만이었으나
100만이나 다름없었고,
패공의 병력은
10만이었으나
20만이나 다름없었지만
역부족이었다.
《사기(史記)·
고조본기(高祖本紀)》

* 쪼렙 : 낮은 레벨을 뜻하는 인터넷 용어

항복할 수밖에 없었던 거야….

그렇게 손에 넣은 관중을 순순히 양보했고,

유방은 하는 수 없이
화해를 청했다.
바이서우이(白壽彝)
《중국통사(中國通史)》

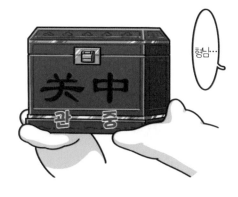

기뻐하는 척까지 해야 했어…

계속 기다렸어요.

아무것도 안 건드렸어요.

유방은 직접 홍문[51]에 있는 항우의 군영으로 가서 겸손한 말로 좋게 말했다.

바이서우이(白壽彝) 《중국통사(中國通史)》

패공은… 말하길… "제가 들어온 뒤 아무 물건에도 손대지 않았고… 장군을 기다렸습니다… 밤낮으로 장군이 오기를 기다렸는데 어찌 감히 반란을 꾀했겠습니까?"

《사기(史記)·항우본기(項羽本紀)》

하지만 항우 고양이는 도성을 건네받자마자,

뒤이어 항우는 함양에 들어갔다.

인민교육출판사 《의무교육 교과서· 7학년 역사 상권》

흐흐…

불태워버렸지…

야비!

한풀이

멋대로 죽이고 약탈했으며, 진나라 황궁을 태워 불이 3개월 동안 꺼지지 않았다.

인민교육출판사 《의무교육 교과서· 7학년 역사 상권》

항우는 마침내 서쪽으로 나아가 함양에 있는 진나라의 궁을 도륙했다.

《사기(史記)· 고조본기(高祖本紀)》

---

51) 홍문(鴻門) : 지금의 산시(陝西)성 린통(臨潼)현 지역. – 역주.

이때부터, 항우 고양이는 자신을
'서초패왕(西楚霸王)'이라고 불렀어.

항우는 스스로
서초패왕(西楚霸王)이라 해서
아홉 개 군의 왕이 되고,
팽성[52]에 도읍을 정했다.
《사기(史記)·
고조본기(高祖本紀)》

그리고 전국을 18명의 제후들에게 분봉했지.

항우는 18명의
왕을 세웠다.
바이서우이(白壽彝)
《중국통사(中國通史)》

반진 운동이 드디어 일단락된 거야.
하지만…
몇몇 제후들은 항우 고양이가
왕을 세우는 것에 불만을 가졌어!

항우가 천하를 다스리는 방식이
공평치 않습니다. 옛날 왕은
나쁜 땅의 왕으로 삼고,
자기 신하들과 장수들을
좋은 땅의 왕으로 삼았습니다.
《사기(史記)·항우본기(項羽本紀)》

공에 따라 상을 내리는
항우의 방식이 매우 불공평했다.
천순천(陳舜臣)《중국사 풍운록》

---

52) 팽성(彭城): 지금의 장쑤(江蘇)성 시저우(西周)시 지역. - 역주.

예를 들면, 산골짜기 땅을 분봉 받은
유방 고양이가 그랬지.

> 항우는 처음 회왕이
> 장수들과 한 약속을
> 완전히 저버렸고,
> 유방을 한왕으로 바꿔
> 봉해 외진 지역인 한중(漢中),
> 파(巴), 촉(蜀) 일대에
> 거하게 했다.
>
> 바이서우이(白壽彝)
> 《중국통사(中國通史)》

관중에서 항우에게 내쳐지고 나서,

유방 고양이는 어떻게 복수를 할지
밤낮으로 고민했어.

> 유방이 한중에 들어간 뒤
> 한편으로는 전투력을 쌓으며
> 전쟁을 준비하고,
> 다른 한편으로는
> 때를 기다리며
> 반격을 준비했다.
>
> 린젠밍(林劍鳴)
> 《진한사(秦漢史)》

'복수심'에 불타는 유방

刘·复仇者·邦

하지만 자신은 산골짜기에 있고,

> 항우는 (유방을)
> 외진 지역인
> 파촉 지역의 한왕으로
> 봉했다.
>
> 린젠밍(林劍鳴)
> 《진한사(秦漢史)》

항우 고양이의 전투력은
날로 발전하고 있었지.

> 소하(蕭何)는 유방에게
> 정신을 똑바로 차리고
> 있어야 한다고 경고했다.
> 만약 무리하게 맞선다면
> 목숨을 내놓는 것과
> 다름없다고 말했다.
>
> 바이서우이(白壽彝)
> 《중국통사(中國通史)》

어떡하지?

어쩌면 이때는 신도 다음 이야기를 쓰지 못했을 거야.

그래서인지 동쪽의 제후가
먼저 반란을 일으켰고,

갈등은 동쪽에서
먼저 격화되기 시작했다.
린젠밍(林劍鳴)《진한사(秦漢史)》

제(齊)의 장군인 전영(田榮)이
먼저 산동에서 난을 일으켰다.
젠보짠(翦伯贊)《진한사(秦漢史)》

항우 고양이는 이를 진압하기 위해
대군을 이끌고 즉시 출격했어.

항우는
전영의 반란을
전력으로 토벌하지
않을 수 없었다.
젠보짠(翦伯贊)《진한사(秦漢史)》

이렇게 드디어 유방 고양이에게
기회가 찾아온 거지!

항우가 산동 토벌 전쟁에
휘말려 있을 때, 유방은
그 기회에 몸을 일으켰다.
젠보짠(翦伯贊)《진한사(秦漢史)》

그는 몰래 출격했어.

몰래 가서
뒤를 에워싸…

항우가 기습 공격을 물리치느라
바빠서 어찌할 수 없을 때,
유방은 드디어
움직이기 시작했다.
천순천(陳舜臣)《중국사 풍운록》

유방 고양이는 병사들의 용맹함 덕분에
4개월 동안 3개의 제후국을 손에 넣었지.

한왕은 한중에 머무른 지
4개월 만에 친링(秦岭)산맥을
타고 넘어 당시에 이미
3등분 되어 '삼진'이라 불렸던
관중을 장악했다.
고단샤《중국의 역사 3 -
시황제의 유산, 진한(秦漢)제국》

그리고 나라의 민심이 아직 자리 잡지 않은 틈을 타,
인의(仁義)라는 깃발을 높이 들었어.

> (항우가) 강남[53]에서
> 의제(義帝)를 죽인 상황을 말하자,
> 한왕이 이를 듣고 크게 통곡했고,
> 마침내 의제를
> 위해 상을 선포하고…
> 제후들에게 이렇게 알렸다.
> "지금 항우가 멋대로 의제를
> 강남에서 죽이니
> 대역무도한 짓이다."
>
> 《사기(史記)·
> 고조본기(高祖本紀)》

그러자 원래 항우 고양이에게 불만이 있던 제후들이
하나둘씩 그의 깃발 아래로 모여들었지.

> 한왕이 다섯 제후의
> 병사를 거느렸다.
>
> 《사기(史記)·
> 항우본기(項羽本紀)》

그렇게 56만의 연합군이 생겨난 거야!

> 총 56만 명이었다.
>
> 《사기(史記)·
> 항우본기(項羽本紀)》

---

53) 강남(江南) : 양쯔강 이남 지역. - 역주.

이제 유방 고양이의 반격이 시작되었어!

유방은 팽성이
빈 점을 이용해
제후들의 군사 56만 명을 이끌고
동쪽 토벌에 나섰다.
바이서우이(白壽彝)
《중국통사(中國通史)》

변두리 지역에 봉해졌을 때부터 다시 출격할 때까지,
유방 고양이는 숱한 어려움을 겪었는데,

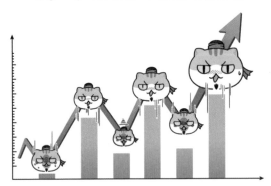

그의 강력한 정치적 인내심과 지혜가
그의 상황을 뒤집었지.

내가
돌아왔다.

힘들긴
했지만

유방의 말에 따르면
초나라 의제의 약속에 따라
관중은 당연히 자신의 영지이므로,
자신은 항우 무리의 영주들로부터
이를 되찾아 온 것뿐이라고 했다.
천순천(陳舜臣)《중국사 풍운록》

56만 유방 연합군은
서초 항우군과 서로 대립했어.

유방은… 각지의 항우를
반대하던 세력들을 연합해
항우와의 대립 국면을 만들었다.
《2016년 전국 석사 입학시험·
역사학 기초 명사 해석》

두 영웅의 대치 상황이 정식으로 형성되었지.

이렇게 항우 대 유방,
초한 전쟁이 시작되었다.
천순천(陳舜臣)《중국사 풍운록》

그럼 반란을 진압하느라 바쁘던 항우 고양이는
이에 어떻게 대처했을까?

다음
장에서
알려주지!

이어서 계속

편집자의 말 ◇◇◇◇◇◇◇◇◇◇◇◇◇◇◇◇◇◇◇◇◇◇◇◇◇◇◇◇◇◇◇

　　유방이 진나라의 수도를 점령하자 항우는 40만 대군을 이끌고 와 홍문에 주둔했다. 유방은 자신이 항우를 이길 수 없다는 것을 알았기 때문에, 약한 모습을 보이며 항우가 관중의 왕이 되길 바란다고 말했다. 항우의 책사 범증(范增)은 유방을 숨은 우환으로 여겨 항우에게 홍문에서 연회를 열고, 거기서 유방을 죽이라고 말했다. 하지만 연회에서 유방은 스스로를 신하라 칭하며 납작 엎드렸고, 갖은 방법으로 아첨하자 항우는 이를 진실로 여기고 유방을 죽이려던 계획을 포기했다. 결국, 유방은 그 틈을 타 본진으로 돌아갔다. 항우가 호랑이를 산으로 돌려보냈으니 이는 그가 두 사람의 결말에 복선을 깔아 놓은 것이나 다름없었다. 진나라가 멸망한 뒤, 항우는 자신이 주도하는 '18왕 연합국 체제'를 만들었다. 그는 자신을 서초패왕이라 불렀는데, 패왕이란, '제후왕들 위에 있는 패주'라는 뜻이다. 이 체제는 천하의 분할을 막기는커녕 더 심화시켰다. 이 체제가 시행된 지 얼마 지나지 않아 누군가 군사를 일으키면서 제후왕들의 치열한 다툼이 벌어졌다.

항우 역 - 튀긴 꽈배기

유방 역 - 해바라기씨

참고 문헌 : 《사기(史記)》, 《한서(漢書)》, 고단샤 《중국의 역사 3 - 시황제의 유산, 진한(秦漢)제국》, 《2016년 전국 석사 입학시험 · 역사학 기초 명사 해석》, 바이서우이(白壽彜) 《중국통사(中國通史)》, 린젠밍(林劍鳴) 《진한사(秦漢史)》, 젠보짠(翦伯贊) 《진한사(秦漢史)》, 지롄하이(紀連海) 《지롄하이의 사기 평론(紀連海點評史記)》, 천순천(陳舜臣) 《중국사 풍운록》, 인민교육출판사 《의무교육 교과서 · 7학년 역사 상권(교사용)》, 인민교육출판사 《의무교육 교과서 · 7학년 역사 상권》

병사(兵事)의 신선, 한신

유방은 인재를 적재적소에 잘 임
용했는데, 백성들 중에서 많은 인
재를 뽑았어. 그중에는 '병사의 신
선'이라고 불리는 한신도 있었어.

약법삼장(約法三章)

유방은 관중에 들어오고 나서 백성들과
3가지 약속을 정했어. "사람을 살해한
자는 사형에 처하고, 사람을 상해하거나
남의 물건을 훔친 자는 죗값을 받는다"
라는 게 그 내용이었어. 이로 인해 백성
들은 모두 그를 추대했어.

홍문 연회

항우와 유방이 대치하는 과정
에서 항우는 유방에게 함께 식
사를 하자고 했는데, 항우는
유방을 암살할 계획을 가지고
있었어. 하지만 유방은 그곳에
서 도망치는 데 성공했어.

야옹이들의 프로필

튀긴 꽈배기 극장

\<센 척하는 고양이\>

나는 감기 따위에 쓰러지지 않아!

절대 그럴 수 없어!

잘난 척 하네…!

만약 꽈배기가 지금 내 모습을 본다면…

너도… 강하진 않네!

만약 순두부가 지금 내 모습을 본다면…

안녕 우리 왔어!

\<너 목욕했어?\>

너 감기 걸렸다고 해서 순두부랑 같이 병문안 왔어.

지금은 몸 좀 어때?

하하… 거의 다 나았어.

근데…

너 비 맞고 와서 목욕했어?

매일 세 번씩 목욕해야 하는 고양이.

120

튀긴 꽈배기

사수자리
생일 : 12월 5일
키 : 185cm
가장 좋아하는 꽃 : 해바라기
가장 좋아하는 음식 : 콜라
성격 : 열정적이고 움직이는 것
을 좋아하며 효심이 깊다.

(인간 튀긴 꽈배기 소개)

튀긴 꽈배기네 가게
Youtiao's Shop

제 32 장

●

초한 전쟁(Feat. 항우 vs 유방)

기원전 207년, 반란군이
진 제국의 대문을 격파했어.

기원전 207년, 유방은
군사를 일으켜 진나라 수도인
함양을 점령했다.
인민교육출판사
《의무교육 교과·
7학년 역사 상권(교사용)》

항우 고양이가 들어온 이후에는
한때 휘황찬란했던 대 진 제국이
수도 함양에서 치솟은 불길 속에서 재로 변해버렸지….

항우는 군대를 이끌고
서쪽 함양을 도륙하고
항복한 진의 왕 자영을 죽였다.
진의 궁실을 불태웠는데
불은 석 달 동안 꺼지지 않았다.
《사기(史記)·항우본기(項羽本紀)》

천하는 다시 분열된 상태로 돌아갔어.

진나라가 통일하기 전
분할된 모습이 다시 나타났다.
린젠밍(林劍鳴) 《진한사(秦漢史)》

이런 상황에서
원래 같은 목표를 가지고 있던 반란군은
서로 싸우기 시작했고,

진 황조 이후
농민군의 반란은
농민군 우두머리들 간의
권력 다툼으로 바뀌었다.
바이서우이(白壽彝)
《중국통사(中國通史)》

결국 두 개의 세력이 형성되었지.

진나라에 반대해 일어난
양쪽의 주력군들 사이에
장장 5년간의 전쟁이
시작되었다.
바이서우이(白壽彝)
《중국통사(中國通史)》

한쪽은 유방 고양이가 이끄는
한나라 군대였고,

한왕인 유방과…
젠보짠(翦伯贊)
《중국사강요(中國史綱要)》

다른 한쪽은 항우 고양이가 이끄는
초나라 군대였어.

항우가 서로 대립했다.

젠보짠(翦伯贊)
《중국사강요(中國史綱要)》

진나라에 반기를 들었을 때
항우 고양이가 반란군의 우두머리였기 때문에,

항우는 이렇게 처음으로
제후군의 상장군이 되었고,
제후군은 모두 그에게
속하게 되었다.
《사기(史記)·항우본기(項羽本紀)》

천하를 얻은 뒤에도
항우 고양이가 땅을 나누어 주게 되었는데

(항우는) 곧 천하를 나누어
여러 장수들을 제후와
왕으로 세웠다.
《사기(史記)·항우본기(項羽本紀)》

(항우는) 제후왕들의
토지를 조정했다.

바이서우이(白壽彝)
《중국통사(中國通史)》

이 녀석이 자기 취향대로만
땅을 분배한 거야….

먹어!

자신의 측근들은 각 왕국의
좋은 지역의 왕으로 봉하고,
다른 제후들은 일부러 본거지의
변두리 지방의 왕으로 봉했다.

바이서우이(白壽彛)
《중국통사(中國通史)》

항우의 분봉은 친족관계나
이해관계 정도에 따라
진행된 것이었다.

린젠밍(林劍鳴)《진한사(秦漢史)》

그래서 땅을 나누고 얼마 되지 않아,

이는 분할 전쟁을
더 빨리 일어나게 했다.

린젠밍(林劍鳴)《진한사(秦漢史)》

서쪽, 북쪽 두 곳의 제후가
반란을 일으켰지….

반란을
일으키자!

얼마 지나지 않아 전영(田榮)은
제 지역에서 군사를 일으켜
스스로 왕이 되고,
팽월(彭越)은 양(梁) 지역에서,
진여(陳餘)는 조 지역에서
군사를 일으켰다.
제후왕들의 혼전 국면이
펼쳐졌다.

바이서우이(白壽彛)
《중국통사(中國通史)》

서쪽에서 가장 분배를 안 좋게 받은 건
유방 고양이였어.

유방은… 동쪽으로
항우를 토벌하러 갔다.
바이서우이(白壽彝)
《중국통사강요(中國通史綱要)》

세력을 더 키우기 위해서 유방 고양이는
항우 고양이가 어질지 못한 것을 드러냈어.

항우가 의제를 살해한 것은 죄로,
유방의 눈물은 의로 여겨졌다.
《진서(晉書)·열전(列傳)·제41장》

(유방은) 의제를 위해
복수를 한다는 명분을 내걸었다.
젠보짠(翦伯贊)《진한사(秦漢史)》

그리고 56만의 제후군을 연합해
항우 고양이를 무너뜨리기로 했어.

(유방은) 제후군 56만 명을 이끌고
대대적인 동쪽 토벌에 나섰다.
바이서우이(白壽彝)
《중국통사(中國通史)》

유방 고양이의 어마어마한 대군에 대항하기 위해
항우 고양이는 우선 본 부대를 북쪽 반란을 진압하러 보내고

넵!

너희는 남아서
계속 공격하라!

> 항왕이 이를 듣고
> 여러 장수들에게
> 제나라를 공격하게 했다.
> 《자치통감(資治通鑑)·
> 한기(漢紀) 1》

본인은 3만의 군사를 이끌고
유방과 담판을 지으려고 했지.

> 자신은 정예병 3만 명을 이끌고
> 노에서 호릉으로 나왔다.
> 《사기(史記)·항우본기(項羽本紀)》
>
> 항우가 소식을 듣고
> 3만 명의 정예병을 이끌고
> 회군해 반격했다.
> 바이서우이(白壽彝)
> 《중국통사(中國通史)》

가자!
저 빤빤한 녀석을
혼내주자!

56만 대 3만이라….

한
汉

VS

56만

3만

> 당시 유방이 이끄는 제후군은
> 56만 명이었다…
> 항우의 군대가
> 산동에서 돌아왔지만
> 3만 명뿐이었다.
> 젠보짠(翦伯贊)《진한사(秦漢史)》

유방 고양이는 이런 압도적인 우세에서…

크게 두들겨 맞았어.

반나절도 지나지 않아
유방의 56만 대군을
대거 무찔렀다.
젠보짠(翦伯贊)《진한사(秦漢史)》

수수(睢水)에서의 전쟁에서
유방은 대패했다.
바이서우이(白壽彝)
《중국통사(中國通史)》

이로써 군사들이 더 많아도…
항우 고양이에게 별다른 영향을
끼치지 못한다는 것이 증명됐지….

수수에 빠져 죽은 사람이
10만여 명이었다…
유방은 황야로 도망쳐
목숨을 건졌다.
젠보짠(翦伯贊)《진한사(秦漢史)》

유방 고양이는 어쩔 수 없이 계획을 바꿔서
항우 고양이와 그의 부하를 이간질했어.

유방은 구강(九江)왕 경포(黥布)를
부추겨 군사를 일으켜
초를 배신하게 해서
항우의 병력을 견제했다.
젠보짠(翦伯贊)《중국통사(中國通史)》

그리고 그에게 남쪽 전장을
공격해달라고 했지.

경포는 이미
환북[54]에서 일어나
초나라를 배신하고
한나라에 투항했다…
항우의 후방에
가장 큰 위협이 되었다.
젠보짠(翦伯贊)《진한사(秦漢史)》

뒤이어 대장군을 북쪽으로 올라가게 해서

이후 한신 등을 보내
위, 조 두 지역을 쳐서 점령했다.
바이서우이(白壽彝)
《중국통사(中國通史)》

54) 환북(皖北) : 안후이(安徽)성의 양쯔강 북부 지역. – 역주.

북쪽 전장도 해결했어.

한신의 군대에…
황하 남북 지역이 모두 있었다…
산동에서 남쪽 방향으로
초나라를 공격할 큰 힘을
가지고 있었다.

젠보짠(翦伯贊)《진한사(秦漢史)》

이렇게 하니 3면에서 포위해서 공격할 수 있게 되었어.

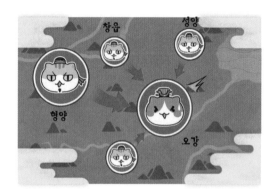

(항우는) 3면으로
전쟁을 해야 하는
위험에 빠졌다.

젠보짠(翦伯贊)
《진한사(秦漢史)》

3면이 적으로 둘러싸이자
항우 고양이도 점점 큰 압박을 받았고…

항우는 3면에서
공격을 받았을 뿐만 아니라
후방에서의 공급도 끊임없이
습격을 당해 초나라 군대는
먹을 것도 부족하고
완전히 지쳐 있었다.

바이서우이(白壽彝)
《중국통사(中國通史)》

어쩔 수 없이 대화를 제안했어.

> 군사들이 줄어들고
> 먹을 것도 떨어져 갔다.
> 방법이 없었던 항우는
> 어쩔 수 없이 한왕과의
> 대화를 시도했다.
> 뤼쓰미안(呂思勉)
> 《백화본국사(白話本國史)》

담판을 통해 두 사람은 홍구[55]를 경계선으로 삼고
천하를 반으로 갈랐지.

> 천하를 둘로 나누고
> 홍구를 경계선으로 삼았다.
> 뤼쓰미안(呂思勉)
> 《백화본국사(白話本國史)》

이것이 그 유명한
'초나라와 한나라의 경계'였어!

> 양측은 홍구를 경계선으로 삼고,
> 서쪽을 한나라, 동쪽을 초나라로
> 하기로 정했다.
> 바이서우이(白壽彝)
> 《중국통사(中國通史)》

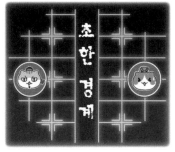

---

55) 홍구(鴻溝) : 허난성에 위치한 운하. - 역주.

그런데 이런 결말을 유방 고양이가 받아들일 수 있었을까?

항우는 군사를 물리고
동쪽으로 돌아갔지만,
유방과 그 신하들은
기회를 잡아 초나라 군대를
무찌르려고 했다.

린젠밍(林劍鳴)
《진한사(秦漢史)》

아니!

내가
바보인 줄
알아!

평화 협정에 막 사인을 하고 난 뒤에
유방 고양이는 군사를 보내 항우 고양이를 죽이려고 했어.

몸도 안 좋다는데
이참에 목숨을
거두겠다!

유방은… 약속을 저버리고
승승장구하며
초나라 군을 뒤따르며
공격했다.

바이서우이(白壽彝)
《중국통사(中國通史)》

초나라 군은 용맹했지만,

초의 전사들은
1당 10이 아닌 전사가 없었다.
《사기(史記)·항우본기(項羽本紀)》

유방 고양이 군대의 포위를
도저히 버텨낼 수 없었지….

유방은 항우의 군대에
포위망을 만들고,
한나라 군대와 한신, 팽월,
경포의 군사들 모두
일제히 항우를 향했다.
바이서우이(白壽彝)
《중국통사(中國通史)》

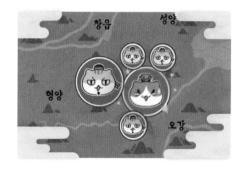

결국, 해하(垓下)라는 곳에서
항우 고양이는 크게 졌어.

12월, 항우가 해하에 이르렀을 때
수겹으로 포위되었다.
항우는 두터운 포위에 갇혀
도망칠 수 없었다… 그래서
부하들과 말에서 내려 걸었고,
한나라 군사들과 접전을 펼쳤다.
항우가 한나라 군사
수백 명을 죽였지만,
자신도 십여 군데 부상을 입었고,
결국은 스스로 목을 베어 죽었다.
바이서우이(白壽彝)
《중국통사(中國通史)》

항우 고양이의 패배는
이 전쟁이 완전히 끝났다는 것을 의미했고,
동시에 새로운 황조가 세워진다는 걸 뜻했어.

기원전 202년,
초한 전쟁이 끝나고
거대한 중국 땅은 또다시
새로운 봉건 정권인
한나라에 통일된 모습으로
속하게 되었다.
린젠밍(林劍鳴)《진한사(秦漢史)》

그게 바로 한 황조야.

한나라 5년 2월, 유방은
정도[56]에서 황제의 자리에 오르며
서한 황조를 세웠다.
바이서우이(白壽彝)
《중국통사(中國通史)》

한 황조의 설립자로서,
유방은 평민에서 천자가 되는 대역전극을 썼고,

진 2세 원년,
(유방은) 패공으로서
군사를 일으켰고,
한 원년에는 한왕이라 불렸으며,
한 5년에는 황제라고 불렸다.
고단샤《중국의 역사 3 -
시황제의 유산, 진한(秦漢)제국》

56) 정도(定陶) : 산둥(山东)성 허쩌(菏泽)시 지역. – 역주.

천하를 다시 하나로 통일했어.

천하가 한에 의해
통일되었다.
뤼쓰미안(呂思勉)
《백화본국사(白話本國史)》

하지만 진나라 말기 농민 반란에서 시작해
초한의 패권 다툼까지
나라는 전쟁으로 완전히 망가진 상태였지.

진 말기부터 이어진
장기간의 전쟁으로 인해
경제는 쇠퇴하고,
물가는 치솟았으며
사회는 불안정하게 동요했다.
인민교육출판사
《의무교육 교과서·
7학년 역사 상권(교사용)》

이렇게 무너진 나라를
어떻게 운영해야 할까?

살려줘!

서한 첫해, 경제 불황에
온 나라가 황량 그 자체였다.
인민교육출판사
《의무교육 교과서·
7학년 역사 상권(교사용)》

이어서 계속

편집자의 말 ◇◇◇◇◇◇◇◇◇◇◇◇◇◇◇◇◇◇◇◇◇◇◇◇◇◇◇◇◇◇

5년간의 힘겨루기 끝에, 초한 전쟁은 결국 유방의 승리로 끝났다. 이는 역사 상 매우 큰 변화였다. 전쟁에서 지는 법이 없었던 항우가 왜 최후에 실패했을 까? 원래 열세에 놓였던 유방이 왜 최후에 승리했을까?

결국, 유방이 '대장군이 될 인재'로서 현명하게 사람을 보고 쓰는 능력이 있었 기 때문일 것이다. 유방은 인재를 적재적소에 잘 사용하고 충고를 잘 받아들이 는 사람이었다. 그를 따르는 무리들은 대부분 낮은 신분 출신이었다. 소하, 조참 은 패현의 하급 관리였고, 한신은 직업도 없는 떠돌이였으며, 진평(陳平), 왕릉(王 陵)은 평민 출신이고, 번쾌(樊噲), 주발(周勃), 관영(灌嬰)은 각각 개를 잡는 백정, 누 에치기 용품을 만드는 사람, 비단 장수였다(바이서우이(白壽彝) 《중국통사(中國通 史)》). 그들은 자신의 재능 덕분에 유방에게 총애와 쓰임을 받았고, 결국 유방을 도와 최후를 승리를 얻었다. 항우는 능력에 상관없이 자신과 가까운 사람만 기 용했고, 자기주장이 강했기 때문에 사람들이 그를 떠나버렸다.

항우 역 - 튀긴 꽈배기

유방 역 - 해바라기씨

참고 문헌 : 《사기(史記)》, 《진서(晉書)》, 《자치통감(資治通鑑)》, 고단샤 《중국의 역사 3 - 시황제의 유산, 진한(秦漢)제국》, 바이서우이(白壽彝) 《중국통사(中國通史)》 및 《중국통사 강요(中國通史綱要)》, 린젠밍(林劍鳴) 《진한사(秦漢史)》, 젠보짠(翦伯贊) 《중국사강요(中國 史綱要)》 및 《진한사(秦漢史)》, 뤼쓰미안(呂思勉) 《백화본국사(白話本國史)》, 인민교육출 판사 《의무교육 교과서 · 7학년 역사 상권》, 인민교육출판사 《의무교육 교과서 · 7학년 역 사 상권(교사용)》

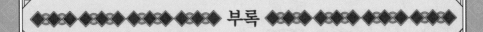
사면초가

한나라 군은 항우를 포위했을 때, 그의 판단력이 흐려지도록 초나라 민요를 불렀어. 항우는 한나라 군사가 이미 초나라를 점령했다고 생각해서 싸울 의지를 잃고 말았지.

바깥세상은 매우 아름답다네.
바깥세상은 매우 아름답다네.

괜찮아. 괜찮아.
나 쳐다보지 마!

유방의 거짓말

유방은 항우가 쏜 화살에 가슴을 맞은 적이 있어. 하지만 유방은 병사들의 마음을 안정시키기 위해서 화살을 발가락에 맞았다고 말했어.

막다른 길의 전쟁의 신

항우와 그의 군사들이 오강 강변까지 물러나 있었는데, 그는 혼자 힘으로 수백 명의 군사를 무찔렀어.

누구 더 없어?
우리로는 안 되겠어!

야옹이들의 프로필

<자매의 깊은 정>

<무서운 이야기>

순두부

천칭자리
생일 : 10월 16일
키 : 165㎝
가장 좋아하는 꽃 : 코스모스
가장 좋아하는 음식 : 녹차
성격 : 바보 같지만 순수하고
따뜻한 성격

(인간 순두부 소개)

순두부네 가게
Douhua's Shop

순두부 제사 용품

古
고

제 33 장

한나라의 권력을 장악했던 고황후 여치

기원전 202년,
한나라가 천하를 통일하면서,

한 5년(기원전 202년) 2월,
유방은 정도에서 황제의 자리에
오르며 서한 황조를 세웠다.
바이서우이(白壽彝)
《중국통사(中國通史)》

고조 5년, 천하를 평정했다.
첸무(錢穆)《진한사(秦漢史)》

중국 역사상
두 번째 통일 황조가 되었어.

한나라는 유방이 세운 중국의
두 번째 대통일 왕조다.
멍졘안(孟建安)
《중국문화개론(中國文化概論)》

진 말기의 농민 전쟁이
진나라를 뒤엎었고,
뒤이은 초한 전쟁이
장기간 지속되었다.
이 전쟁은 사회 생산에
심각한 손해를 입혔고,
인구도 줄었으며
땅은 황폐해졌다.
인민교육출판사
《의무교육 교과서·
7학년 역사 상권(교사용)》

하지만 수년간 치열하게 다투면서
땅은 황폐해지고…

백성들의 삶은 어려워졌지.

경제가 쇠퇴하고,
농민들은 살 곳을 잃었으며
물가는 치솟았다.
인민교육출판사
《의무교육 교과서·
7학년 역사 상권(교사용)》

새로 생긴 제국은 어떻게 통치를 굳건하게 했을까?

어디 보자…

여기서 한 고양이가
아주 중요한 역할을 하게 되는데,

정권을 잡았던 15년 동안
사회 생산은 발전했고,
경제도 상승세를 타게 되었다.
바이서우이(白壽彝)
《중국통사(中國通史)》

그게 바로 초대 황후, 여치 고양이야.

고황후 여씨였다.
《한서(漢書)·고후기(高后紀)》

여치 고양이는 원래 산둥 지역
대부호 집안의 아가씨였고,

단보(單父) 사람 여공(呂公)이…
여공의 딸이 바로 여후였다.
《사기(史記)·고조본기(高祖本紀)》

여치는…
대부호 집안 출신이었다.
자오이(趙毅) 편집장
《여후대전(呂后大傳)》

원수를 피해 남쪽으로 이사 온 상태였어.

원수를 피해 객이 되어
패현으로 집을 옮겼다.
《사기(史記)·고조본기(高祖本紀)》

그 이후…
동네에서 유명한 망나니에게
시집을 가게 되었지….

아빠 말 들어봐.
저 고양이는 분명 성공할 거야.

하이넨

(유방은) 그의 아버지 눈에는
망나니 같은 아들이었다.
젠보짠(翦伯贊) 《진한사(秦漢史)》

단보 사람 여공이…
딸을 아내로 삼게 했다.
《자치통감(資治通鑑)・진기(秦紀) 2》

큭큭… 맞아…
그 '망나니'가 바로 아직 출세하기 전의
한나라 개국 황제 유방 고양이였어.

여씨는 유방이
별 볼 일 없었을 때부터
조강지처처였다.
왕통링(王桐齡)
《중국전사(中國全史)》

하늘 원픽

하이,
자기

여치 고양이는 시집을 오자마자
아들도 하나 생겼지.

새 아들

부탁할거

장남 유비(劉肥)는
혜제의 배다른 형으로
《사기(史記)・
여태후본기(呂太后本紀)》

효혜제(孝惠帝)와
노원공주(魯元公主)를 낳았다.
《사기(史記)・고조본기(高祖本紀)》

한나라의 권력을 장악했던 고황후 여치

여후는 두 아이와
밭에서 김을
매고 있었다.

《사기(史記)·
고조본기(高祖本紀)》

(유방의) 아내와 아이들은
생계를 위해 밭을 일구었고,
땅도 조금 가지고 있었다.

린젠밍(林劍鳴)
《진한사(秦漢史)》

여치 고양이는 낮에는 농사일을 하고,

밤에는 집안 사람들을 보살폈어.

배고파!
밥엇!

가요!
가!

여치는 풍읍 고향에서
어른들을 보살폈다.
자오이(趙毅) 편집장
《여후대전(呂后大傳)》

(원래 분명 부잣집 아가씨였는데 말이야…)

하지만,
이런 주부 생활도 얼마 가지 않았어.

몇 년 뒤,
유방 고양이가
'반란'을 일으키러 떠나버린 거야.

유방은 여치와 결혼한 뒤,
계속 사수(泗水) 정장(亭長)으로
지냈다.

자오이(趙毅) 편집장
《여후대전(呂后大傳)》

유방은…
정장의 직책을 버리고…
방랑 생활을 하다가…
진 2세 원년에…
진나라에 반대해
들고일어났다.

바이서우이(白壽彝)
《중국통사(中國通史)》

여보, 나 반란 좀
일으키고 올게!
나 너무 보고 싶어
하지 말고!

아…

자그마치 7년 동안,
여치 고양이는 혼자 집안을
책임져야 했을 뿐만 아니라,

진 2세 원년(기원전 209년)…
유방은 반란을 선포했다.

바이서우이(白壽彝)
《중국통사(中國通史)》

한 4년(기원전 203년)…
한왕의 부모와 처자식이 석방되었다.
봉기 이후, 유방과 여치는
7년을 떨어져 지냈다.

고단샤《중국의 역사 3 -
시황제의 유산, 진한(秦漢)제국》

나중에는 철천지원수에게
인질로 붙잡히기도 했어….

한왕의 부모와 처자식을 잡아
군중에 인질로 잡아 두었다.
《사기(史記)·고조본기(高祖本紀)》

(원래 분명 부잣집 아가씨였는데 말이야…)

하지만 다행히 여치는 타고난 명이 길었고,

주인공 후광 수수료

유방 고양이는 적을 무찔렀을 뿐만 아니라
천하를 얻었지!

> 초한 전쟁은
> 5년의 힘겨루기 끝에
> 결국 유방의 승리로 끝이 났다.
> 바이서우이(白壽彝)
> 《중국통사(中國通史)》

성공했어!

남편과 오랫동안 떨어져 있던 여치는
이제야 유방 고양이 곁으로 돌아갈 수 있었어.

저 돌아왔…

여보!

> 한고제(유방) 4년 9월,
> 초나라와 한나라가
> 평화 협정을 맺으며
> 항우는 여후와 태공을
> 돌려보냈다.
> 류춘판(柳春藩) 편집장
> 《임조태후대전(臨朝太后大傳)》

그런데 유방 고양이가 다른 첩들을
총애하는 모습을 보게 되었지….

> 고조가 한왕이 되고
> 정도에서 척부인(戚夫人)을 얻어
> 예뻐해
> 《사기(史記)·
> 여태후본기(呂太后本紀)》

아, 왔어?
그럼 푹 쉬어

이런 일을 겪으면서, 여치는 드디어 깨달았어.

그렇다면, 그때 이후…

우선, 그녀는 유씨 가문의 통치를
확실하게 보장하려고 했어.

전국시대와 같이
다시 나라가 분할되는 것이 두려워
한나라 정권에 위협이 되는 것들은
각종 핑계를 동원해
하나하나 멸망시켰다
(다른 성을 가진 제후왕).

양동천(楊東晨)
《왕조의 흥망·서한의 흥망사
(王朝興亡·西漢興亡史)》

진나라를 멸망시키고 나자,
다들 천하를 쟁탈하려 들었는데,

진 황조 이후 농민군의 반란은
농민군 우두머리들 간의
권력 다툼으로 바뀌었다.
바이서우이(白壽彝)
《중국통사(中國通史)》

한왕은 제후들을 거두었다.
《자치통감(資治通鑑)·한기(漢紀) 2》

유방은 약점을 강점으로 바꾸고
천하를 얻었다.
바이서우이(白壽彝)
《중국통사(中國通史)》

유씨 가문은 제후들을 단합해
최종 승리를 거두었지.

하지만 뒤따른 결과는…

제후들은 공을 세웠다는 이유로
큰 땅을 받아 갔어.

서한 초년, 공신으로서
왕이 된 사람들이 일곱이었다…
역사는 이들을
'성이 다른 제후왕'이라 부른다.
그들은 관동의 거대한 지역을
점유하게 되었다.
바이서우이(白壽彝)
《중국통사(中國通史)》

한나라의 권력을 장악했던 고황후 여치

겉으로는 황제를 섬기는 것처럼 보였지만,

제후왕들은
모두 상소를 올려
한왕을 황제로
높이자고 말했다.
《자치통감(資治通鑑)·
한기(漢紀) 2》

사실상 중앙에 위협이 되었지.

(성이 다른 제후왕들의) 조정은
다스리기가 어려워서
국가를 통일하는 데에
숨은 골칫거리였다.
바이서우이(白壽彝)
《중국통사(中國通史)》

어떡하지?

여치의 방법은 아주 간단했어.

그들을 속여서 궁에 들어오게 한 뒤,

형님! 천자님이 한번 대까사랍니다!

앗!

> 여후는 소하와 한신을
> 죽일 계획을 세웠다.
> 바이서우이(白壽彝)
> 《중국통사(中國通史)》
>
> 여후는 부르려고 했으나,
> 그 무리들이 오지 않을까
> 걱정해 마침내 소상국과
> 모의하고, 거짓으로 황상이
> 있는 곳에서 사람이
> 온 것으로 하며…
> 한신이 들어갔다.
> 《자치통감(資治通鑑)·
> 한기(漢紀) 4》

> 여후는 무사들로 하여금
> 한신을 결박해
> 장락궁의 종실에서
> 목을 베었다…
> 드디어 한신의
> 3족을 없앴다.
> 《자치통감(資治通鑑)·
> 한기(漢紀) 4》
>
> 대신들을 숙청하는 데
> 여후의 힘이 컸다.
> 《사기(史記)·
> 여태후본기(呂太后本紀)》

죽이는 거지!
(정말 이렇게 난폭한 방식이었어!)

다음으로는, 자신의 아들이
황제가 되는 것을 확실히 하려고 했어.

> 혜제가… 서한 왕조의
> 두 번째 황제가 된 것도
> 여러 번의 번복을
> 거치고 나서야
> 확정된 것이었다.
> 린젠밍(林劍鳴)《진한사(秦漢史)》

여치 고양이의 아들이 유방의 적장자[57]였고,

여후 소생의
적장자 유영(劉盈)은…
유영이 곧 이후의
한혜제가 된다.
중국 인민 공안 대학 법학 문고
《계승 법률 제도 연구
(繼承法律制度研究)》

예법에 따라,
적장자가 황위를 잇는 게 전통이었지.

아들아
여기!

아빠
고마워!

둘째 유영은 어머니 여치가
유방의 본처였기 때문에
유방이 황제가 된 이후
유영을 태자로 세웠다.
린젠밍(林劍鳴)
《진한사(秦漢史)》

하지만 유방 고양이는
첩과 자식들이 많았어.

(척희는) 자기 아들을
태자 대신 세워주길 바랐다…
당시 고조에게는
아들이 여덟이었다.
《사기(史記)·
여태후본기(呂太后本紀)》

유영의 태자 자리도
흔들렸다.
린젠밍(林劍鳴)
《진한사(秦漢史)》

폐하
皇上

폐하
皇上

아빠
쏼比

아빠
쏼比

아빠
쏼比

---

57) 적장자 : 정실부인이 낳은 맏아들. – 역주.

그럼 어떡하냐고?

또 죽였어!

여후는 척부인과 그 아들 조왕에
극도의 원한을 품고…
태후는 마침내 척 부인의
손발을 자르고, 눈알을 파내고,
귀를 태우고, 벙어리가 되는 약을
먹여서 돼지우리에서
살게 하고는 '사람 돼지'라
부르게 했다.
《사기(史記)·여태후본기(呂太后本紀)》

조왕 여의를 독살했다.

바이서우이(白壽彝)
《중국통사(中國通史)》

아들이 자기 사람이기 때문에

여태후는…
효혜제를 낳았다.
《사기(史記)·
여태후본기(呂太后本紀)》

며느리도 자기 사람이어야 해서

여치 고양이는 심지어 자신의 외손녀를
친아들과 결혼하게 했지.

같은 해 10원 임인월에
태후가 제의 누나
노원공주의 딸을 세워
황후로 삼았다.
《한서(漢書)·오행지(五行志)》

외삼촌 →　　　← 조카

이렇게 배치가 끝나고 나서야
여치 고양이는 비로소 제대로 자신의 권력을
굳건하게 만들기 시작했어.

여씨를 강하게 했다.
《사기(史記)·
여태후본기(呂太后本紀)》

한나라는 유씨 가문의 것으로,

> 천하는 이미
> 유씨 집안의 천하였다.
> 젠보짠(翦伯贊)《진한사(秦漢史)》

> 고조는… 성은 유씨였다.
> 《사기(史記)·고조본기(高祖本紀)》

황제도 유씨 성이고,

제후왕들도 유씨였지.

> 자신의 성을 가진 자식들은
> 9국의 왕으로 삼았다.
> 바이서우이(白壽彝)
> 《중국통사(中國通史)》

한나라의 권력을 장악했던 고황후 여치

나라를 장악하려면
여씨도 권력을 가져야 했어.

태후는 여씨들을
제후로 삼으려고
《사기(史記)·
여태후본기(呂太后本紀)》

그녀는 우선 여씨 가문의 여자들을
각 제후왕에게 시집 보내서

여씨의 여자들을
유씨 제후왕들과
짝지어 주었다.
왕통링(王桐齡)
《중국전사(中國全史)》

태후는 조왕 유우를 소환했다.
유우는 여씨 딸을
왕후로 삼았다.
《사기(史記)·
여태후본기(呂太后本紀)》

전면적인 감시에 돌입했어….

(조왕이) 다른 여자를 사랑했다.
여씨 딸이 질투로 화가 나서
태후에게 가서 헐뜯었다.
《사기(史記)·
여태후본기(呂太后本紀)》

누가 제멋대로 굴려고 하면…

(조왕은) 노래를 불렀다.
"여씨들이 제멋대로 하니
유씨가 위태롭다…
여씨가 천하의 이치를 끊으니
하늘이 대신 복수해주리!"
《사기(史記)·
여태후본기(呂太后本紀)》

바로 죽였지!

정축일, 조왕이 갇힌 채
굶어 죽었다.
《사기(史記)·
여태후본기(呂太后本紀)》

그리고 자신의 외가 사람들을
제후왕에 앉혔어.

여후는… 여씨 친족들을
대대적으로 제후왕에
봉했다.
바이서우이(白壽彝)
《중국통사(中國通史)》

그게 누구든, 그녀에게 방해되는 사람이 있으면
전부 죽여 버렸지!

(여후는) 여씨의 통치를
강화하기 위해
고조의 후대를 죽이고,
개국 공신을 공격하는 일을
서슴지 않았다.
장따커(張大可)
《사기(史記) 백화본(白話本)》

이때 이후로, 조정 안팎으로
여치의 권력은 최고조에 이르렀어.

여후와 그녀의 측근들은
이때부터 조정 안팎의 군권,
정권을 장악했다.
린젠밍(林劍鳴)《진한사(秦漢史)》

황제도 그녀가 결정했고,
조정도 그녀가 장악했지.

모든 국정이 여후에 의해
결정되었다.
젠보짠(翦伯贊)《진한사(秦漢史)》

기원전 187년부터 기원전 180년까지
조정에는 황제가
없는 것이나 다름없었고,
실질적인 황제는 여치였다.
린젠밍(林劍鳴)《진한사(秦漢史)》

이는 역사상 처음으로 여자가 정무를 주관한 시기였어.
그래서 역사에서는 이를 임조칭제[58]라고 불러.

여후 - 중국 역사상
첫 번째 여황제.
젠보짠(翦伯贊)
《진한사(秦漢史)》
태후의 임조칭제
《자치통감(資治通鑑)·
한기(漢紀) 4》

여치 고양이는 지배 계층 간의 투쟁 중에는
흉악한 방식을 사용했지만,

여후는 강인하고
잔혹한 사람이었다.
바이서우이(白壽彝)
《중국통사(中國通史)》

정사를 돌볼 때는
백성을 편하게 하는 정책을 펼쳤어.

여후가 조정을 장악했던
15년 동안 유방이 정했던
백성의 부담을 줄이고
생활을 안정시켜
국력을 회복하는 정책을
시행했다.
바이서우이(白壽彝)
《중국통사(中國通史)》

58) 임조칭제(臨朝稱制) : 황제의 예법상 또는 혈연상 어머니인 황태후가 황제가 정무를 주관할 수 없
는 유고 시에 황제를 대신해 정치를 주관하는 행위. - 역주.

한나라의 권력을 장악했던 고황후 여치

형벌을 쓰는 일도,
죄인도 드물었다.

《사기(史記) ·
여태후본기(呂太后本紀)》

여후가 정권을 잡았을 때,
지속해서 형벌을 줄이고,
한 사람이 죄를 지으면
3족을 멸하는 잔혹한 형법을
폐하고, 진시황 시절 공표한
백성이 책을 소유하는 것을
죄로 정했던 옛 법을
취소한다고 선포했다.

바이서우이(白壽彝)
《중국통사(中國通史)》

이전 황조의 가혹한 법을 없앴을 뿐만 아니라,

농업과 상업을 권장했지.

효혜제와 고후(高后) 때는
천하가 안정되기 시작해
상인을 억압했던 법령들을
풀어주었다.

《사기(史記) · 평준서(平準書)》

인민들은 농사에 힘을 쓰니
먹고 입는 것이 갈수록
풍족해졌다.

《사기(史記) ·
여태후본기(呂太后本紀)》

심각하게 지쳐 있던 나라가
기운을 회복할 수 있게 되었어.

여후가 정권을 잡았던
15년 동안 사회 생산이
발전하고 사회 경제가
상승세를 탔다.

바이서우이(白壽彝)
《중국통사(中國通史)》

이를 통해 한 황조를
안정적으로 지킬 수 있었지.

고후가 여자 군주로서
황제를 대행해 모든 정치가
안방에서 나왔지만,
천하는 편안했다.
《사기(史記)·
여태후본기(呂太后本紀)》

하지만, 유씨든 여씨든
한나라 초기에 함께 세워진 제후왕들은
여전히 황권에 위협이 되었어.

제후왕들의 나라는 명목상으로는
조정의 통제를 받았지만,
사실상은 분할된 상태여서
황제의 전제 정치가
왕국의 모든 지역에서
시행될 수 없었다.
《중국통사(中國通史)》

이런 갈등은
어떻게 해결해야 할까?

이어서 계속

한나라의 권력을 장악했던 고황후 여치

편집자의 말 ◇◇◇◇◇◇◇◇◇◇◇◇◇◇◇◇◇◇◇◇◇◇◇◇◇◇◇◇◇◇◇◇◇◇

임조(臨朝)는 조정을 맡아 국정을 돌보는 것이고, 칭제(稱帝)는 황제의 권력을 행사하는 것이다(《사원(辭源)》, 《사해(辭海)》). 봉건 시대에 군주가 나이가 어려 친정을 하기 어려울 때는 황후, 황태후 또는 태황태후 등 여성이 조정을 대신 돌봤고, 이를 '임조칭제'라 했다. 중국 역사상 첫 번째 공식 '임조칭제'이자 조정의 실권을 장악했던 여성은 여치였다. 여후가 칭제를 시작한 이후, 후궁이 조정에 개입하고 태후가 정사에 관여하는 현상이 끊임없이 나타났다.

자신의 세력을 견고하게 다지기 위해, 권력을 장악한 여성 통치자는 종종 자신의 형제, 아버지를 등용하고 의지했는데, 이로 인해 외척이 정사에 관여하는 현상이 생겨났고, 통치 집단 내부에 권력 다툼을 하는 무리가 늘어나게 되었다.

여치 역 - 새알심

유방 역 - 해바라기씨

참고 문헌 : 《사기(史記)》, 《한서(漢書)》, 《자치통감(資治通鑑)》, 고단샤 《중국의 역사 3 - 시황제의 유산, 진한(秦漢)제국》, 바이서우이(白壽彝) 《중국통사(中國通史)》, 쳰무(錢穆) 《진한사(秦漢史)》, 멍젠안(孟建安) 《중국문화개론(中國文化槪論)》, 젠보짠(翦伯贊) 《진한사(秦漢史)》, 왕통링(王桐齡) 《중국전사(中國全史)》, 린젠밍(林劍鳴) 《진한사(秦漢史)》, 자오이(趙毅) 편집장 《여후대전(呂后大傳)》, 류춘판(柳春藩) 편집장 《임조태후대전(臨朝太后大傳)》, 양둥천(楊東晨) 《왕조의 흥망 · 서한의 흥망사(王朝興亡 · 西漢興亡史)》, 장따커(張大可) 《사기(史記) 백화본(白話本)》, 인민교육출판사 《의무교육 교과서 · 7학년 역사 상권》, 인민교육출판사 《의무교육 교과서 · 7학년 역사 상권(교사용)》, 중국 인민 공안 대학 법학 문고 《계승 법률 제도 연구(繼承法律制度硏究)》

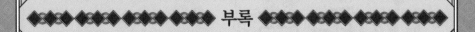

술자리에서 딸을 시집보내다

여치의 아버지는 관상을 볼 줄 알았는데, 술자리에서 유방이 귀한 관상을 가진 것을 보고 바로 자신의 딸을 그에게 시집보냈어.

남편 찾기

전해지는 이야기로는, 유방의 머리 위에 구름이 떠 있어서, 그가 산에 숨어 있을 때, 여치는 늘 그 구름을 따라 남편을 찾을 수 있었다고 해.

흉노의 도발

흉노의 선우[59]인 묵돌이 여후에게 자신과 만나보자는 식의 편지를 보냈어. 여후는 매우 화가 났지만, 전쟁을 피하기 위해서 예의를 갖추어 거절했어.

59) 흉노를 이끄는 황제의 호칭으로, 하늘의 아들이라는 뜻. – 역주.

야옹이들의 프로필

새알심 극장

<정교한 새알심>

<최선을 다했어>

새알심

물병자리
생일 : 2월 14일
키 : 168cm
가장 좋아하는 꽃 : 장미
가장 좋아하는 음식 : 사과
성격 : 약간 신경질적이지만
매우 똑똑하고 성격도 좋다.

(인간 새알심 소개)

169

제 34 장

•

한 나 라 를 튼 튼 하 게 세 운 문 제 와 경 제

한왕이 풍패[60]에서 일어나
8년 만에 황제가 되었다.

왕통링(王桐齡) 《중국전사(中國全史)》

(유방은) 3년이
조금 넘는 시간 만에…
진나라를 뒤엎었다.

주쉬에친(朱學勤) 《유방(劉邦)》

진나라가 멸망한 뒤… (유방은)
항우와 장장 5년에 달하는
초한 전쟁을 치렀다.

난징(南京) 시범 대학 고문헌
정리 연구소 편저
《강소 예문지(江蘇藝文志)》

8년의 전투 끝에

한나라가 중국의 새로운 주인이 되었어.

이로써 한이
천하를 가졌다.

왕통링(王桐齡)
《중국전사(中國全史)》

하지만 통일 초기에

---

60) 풍패(豐沛) : 유방의 고향 패군 풍현을 이르는 말. - 역주.

한나라가 시행한 것은
'군국병행' 제도였어.

한나라 초기,
봉건 제도와 군현제를
서로 절충한 군국 제도를
실행했다.

왕퉁링(王桐齡)
《중국전사(中國全史)》

이는 제국의 일부 영토는
황제가 직접 관리하고,

한나라 황제가 직접 다스리는
중앙 지역은 주로 옛 진나라 영토에
집중되어 있었고, 한, 위, 초의
서쪽 지역 일부도
포함되어 있었다.

자오페이(趙沛)
《정치와 사회의 공조·서한 정치사의
시각(政治與社會互助·西漢政治史的視角)》

다른 영토는
제후왕들이 관리하는 거지.

관동의 거대한 지역은
모두 제후왕들이 차지했다.

자오페이(趙沛)
《정치와 사회의 공조·서한 정치사의
시각(政治與社會互助·西漢政治史的視角)》

제후왕은 자신의 영토에 속한
백성들을 통치할 수 있었고,

(제후왕국은) 기본적으로
정치적인 반독립 상태를
유지하고 있었다.
자오페이(趙沛)
《정치와 사회의 공조·
서한 정치사의 시각
(政治與社會互助·
西漢政治史的視角)》

자신의 군대를 훈련시킬 수 있었어.

각 왕은 모두 군대를
가지고 있었다.
바이서우이(白壽彝)
《중국통사(中國通史)》

그래서 초기에 함께 전쟁을 치른
공신파 제후든,

제후 한신, 팽월, 영포,
노관(盧綰)… 모두 땅을 나누어 받았고
대국으로 봉해졌다.
왕통링(王桐齡)《중국전사(中國全史)》

61) 이성(異姓) : 성이 다름. – 역주.

중기에 제후가 된 황후의 외척 가문 제후든,

여후가 정권을 잡았을 때…
외척 여씨 8명을 왕에 봉했다.
바이서우이(白壽彝)
《중국통사(中國通史)》

아니면, 나중에 제후가 된 유씨 제후든,

유씨 성의 왕들과
조정 대신들이 연합해
여씨들을 죽였고,
특별한 공을 세운 자는
이후 힘이 더 커졌다.
바이서우이(白壽彝)
《중국통사(中國通史)》

모두 중앙에 위협을 가할 수 있었지.

강한 제후들은 사사건건
중앙을 곤란하게 만들었고,
중앙은 이들을 통제할 수 없었다.
왕퉁링(王桐齡)《중국전사(中國全史)》

그럼 황족과 제후왕족 간의 갈등은
어떻게 해결해야 할까?

제후왕들이 다스리는
봉국 문제는 서한 전기에
매우 심각한 문제였다.
바이서우이(白壽彝)
《중국통사(中國通史)》

이 중책은 제3대, 제4대 황제가
떠안게 되었어.

유항[62]은… 서한의
세 번째 황제가 되었다.
인민교육출판사 《의무교육 교과서·
7학년 역사 상권(교사용)》

그들이 바로 문제(文帝)와 경제(景帝)야.

한문제의 이름은 유항이고…
한경제 유계(劉啓)는
한문제의 장자였다.
인민교육출판사 《의무교육 교과서·
7학년 역사 상권(교사용)》

62) 유항(劉恒) : 유방의 넷째 아들. - 역주.

말하자면,
이 두 부자는 기본적으로
행운의 신의 환생이나 다름없었어.

문제 고양이는
처음에는 정식 황위 계승 후보자가 아니었어.

효문황제는 고조의
가운데 아들이다.
《사기(史記)·
효문본기(孝文本紀)》

하지만 다른 후보자들 중에
없어져야 할 사람들이 다 없어졌지….
(죽지 않은 다른 후보자들은
지지해주는 사람이 없어서….)

조정 대신들은 음모를 꾸며 "소제(少帝)를 비롯해 양왕, 회양왕, 상산왕[63]은
모두 효혜제의 진짜 아들들이 아니다…", 회남왕을 세우려고도 했으나
나이가 어리고 외가가 좋지 않았다. 이에 "대왕(代王)이 지금 남아 있는
고제의 아들들 중에서 가장 연장자인데다 어질고 효성스럽고 너그럽다…"
대신들이 모두 가서 옥새를 대왕에게 바치고, 천자로 높여 옹립했다.
《사기(史記)·여태후본기(呂太后本紀)》

---

63) 상산왕(常山王) : 지금의 저장(浙江)성 구주(衢州)시 지역의 제후왕. – 역주.

그래서 그가 새로운 황제로 올려진 거야….

> 대왕이 황제가 되니,
> 그가 효문황제였다.
> 《한서(漢書) · 오행지(五行志)》

문제가 재위하던 시절,
한나라는 중앙의 힘이 아직 부족해서

> 문제 시절 가의[64]와 조착[65]
> 모두 삭번[66]정책을 이미
> 제시했지만, 문제는 당시의
> 정세 때문에 이를
> 시행하지 않았다.
> 《중국대백과사전 ·
> 중국역사(中國大百科全書 · 中國歷史)》

제후왕들에 대한 그의 기본적인 정책은
선만 넘지 않으면… 원하는 걸
최대한 들어주는 거였어.

> 제후들과 사방의 오랑캐들을
> 다독이고 모두를 흡족하게 했다.
> 《사기(史記) · 효문본기(孝文本紀)》

---

64) 가의(賈誼) : 서한의 정치가이자 문학가. – 역주.
65) 조착(晁錯) : 서한의 정치가이자 문학가. – 역주.
66) 삭번(削藩) : 제후국들의 세력을 약화시키는 것. – 역주.

외침에 대해서도 최대한 참았지.

내가 싫다면?

미안한데, 말썽 일으키지 말고…

보화도 주고 딸도 시집 보낼게.

흉노와 화친했으나 흉노가 약속을 저버리고 침입해도 변경만 지키고 군대를 깊이 들여보내지 않았다. 백성을 번거롭고 수고롭게 하는 것이 싫었기 때문이다.

《사기(史記) · 효문본기(孝文本紀)》

물론 화가 나게 하면…

흉노가 북쪽 지방을 침범해 하남에 머무르며 노략질을 했다.

《사기(史記) · 효문본기(孝文本紀)》

아…

되받아치기도 했어….

말썽 피우지 말라고 했냐, 안 했냐?

6월, 황제가 이렇게 말했다… "기병 8만 5천을 징발해 고노(高奴)로 보내고, 승상 영음후 관영을 보내 흉노를 공격하게 하라!" 흉노가 물러갔다.

《사기(史記) · 효문본기(孝文本紀)》

문제 고양이의 인내심 덕분에
백성들은 안정적으로 지낼 수 있었어.

재위한 23년 동안,
공명한 정치를 펼쳐
백성들이 즐겁게 일했다.

왕퉁링(王桐齡)
《중국전사(中國全史)》

게다가 그는 농사일에도 솔선수범했지….

정월, 주상이 "농사는
천하의 근본이니 적전[67]을 열어
짐이 몸소 농사를 지어
제사 음식으로 쓰도록 하겠다"
라고 말했다.

《사기(史記)·
효문본기(孝文本紀)》

그의 노력으로,
나라 경제는 충분한 발전을 이루었어.

천하가 부유해지고
예의가 크게 일어났다.

《사기(史記)·
효문본기(孝文本紀)》

67) 임금이 몸소 농민을 두고 농사를 짓던 논밭. 그 곡식으로 신에게 제사를 지냈다. – 역주.

그러고 나서, 그는 병으로 생을 마감했지….

한문제 후원 7년,
장안 미앙궁에서
병으로 세상을 떠났다.
왕위더(王玉得) 등
《중국궁정문화집관
(中國宮廷文化集觀)》

그를 대신해 황위에 오른 건
경제(景帝) 고양이였어.

한경제 유계(劉啓)는…
기원전 157년에
황위에 올랐다.
바이서우이(白壽彝)
《중국통사(中國通史)》

경제 고양이도 원래
정식 황위 계승 후보자가 아니었어.

적장자 아님

효경황제(孝景皇帝)는 효문제의 차남이다. 어머니는 두태후(竇太后)다.
효문제가 대[68] 지역에 있었을 때 전 왕후에게 세 아들이 있었다.
두태후가 총애를 받으면서 전 왕후가 죽고
세 아들도 잇따라 죽음으로써 효경제가 자리에 오를 수 있었다.
《사기(史記)·효경본기(孝景本紀)》

---

68) 대(代) : 지금의 산시(山西)성 북부 지역. – 역주.

하지만 다른 후보자들 중에 없어져야 할 사람들이 다 없어져서…

> 대왕의 왕후는 아들 넷을 낳았으나… 대왕이 황제로 즉위한 뒤에는
> 왕후가 낳은 아들 넷이 번갈아가며 병으로 죽었다.
>
> 《사기(史記)·외척세가(外戚世家)》

그래서 그가… 새로운 황제로 올려진 거야.

효경제가 자리에
오를 수 있었다.
《사기(史記)·
효경본기(孝景本紀)》

경제 고양이는 황위에 오른 뒤 계속해서
농업과 상업을 발전시키는 정책을 시행했어.

경제는 지속적으로
세금을 낮추고
농업을 장려하는
정책을 시행했다…
곡물을 관청에 내고
작위를 받는 제도는
상인들의 정치적 지위
상승에도 큰 도움이 되었다.

바이서우이(白壽彝)
《중국통사(中國通史)》

하지만 제후왕에겐…

경제 시절에도
제후왕의 봉지와 권력은
여전히 황조의 힘을 위협했다.

바이서우이(白壽彝)
《중국통사(中國通史)》

그렇게 호락호락하게 해주지 않았지….

경제는… 다양한 방식으로
제후왕의 영토인 봉지를
다시 빼앗아 제후왕이
세력을 키우는 것을 제한했다.

《한양릉 박물관(漢陽陵博物館)》

그는 제후제도를 없애는 '삭번' 정책을
채택하고 제후왕국의 영토를 축소시킬
핑계를 찾기 시작했어.

> 경제가 즉위한 뒤
> 조착이 제시한 '삭번'의 의견을
> 받아들여 제후왕국의
> 일부 땅을 빼앗고
> 조정의 직접 통치 관할로
> 귀속시켰다.
> 바이서우이(白壽彝)
> 《중국통사(中國通史)》

법도 위반! (삭감!)

삭감!

> 초왕 무(戊)는 박태후의 상중에
> 궁녀와 간음한 일로
> 동해군[69]을 빼앗았다.
> 젠보짠(翦伯贊)《진한사(秦漢史)》

법률 위반! (삭감!)

삭감!

> 조왕의 죄를 물어
> 상산군(常山郡)을 빼앗았다.
> 젠보짠(翦伯贊)《진한사(秦漢史)》

---

69) 동해군(東海郡) : 지금의 산둥(山東)성 탄청(郯城) 지역. - 역주.

권력 남용! (삭감!)

교서왕(膠西王) 유앙(劉卬)은
작위를 파는 부정행위를
했다는 이유로 6현을 빼앗았다.

젠보짠(翦伯贊)
《진한사(秦漢史)》

어쨌든 다 삭감이었지….

조정에서 끊임없이
땅을 빼앗으라는
명령을 내렸다.

린젠밍(林劍鳴)
《진한사(秦漢史)》

이러니 제후들은 당연히 불만이었어!

땅을 빼앗긴 왕들은 당연히 이에 큰 불만을 가졌고, 그렇지 않은 왕들은…
역시 모두 불안에 떨었다. 일촉즉발의 상황이었다.

린젠밍(林劍鳴) 《진한사(秦漢史)》

그래서 그들은 무기를 집어 들고 반란을 일으켰지.

이어서 오나라의 땅을 빼앗으려 했다. 그러자 오왕 유비(劉濞)가 초, 교서 등의 나라와 반역을 계획했다… 교서, 교동(膠東), 치천(菑川), 제남(濟南), 초, 조가 함께 반역을 일으켰다.

바이서우이(白壽彝)《중국통사(中國通史)》

이게 바로 역사에 나오는 '칠국의 난'이야.

제후국들의 세력과 통일 국가 권력의 갈등은 한층 더 심화되었고, 결국 경제 전원 3년에 오초칠국의 난이 일어났다.

바이서우이(白壽彝) 《중국통사(中國通史)》

하지만 발전을 거듭한 한나라는 이미
힘이 매우 강해졌다는 걸 알아야 했어.

> 민심의 방향, 군사적 역량 및
> 전략과 전술 모든 방면에서
> 한나라 군대가 뛰어났다.
> 바이서우이(白壽彝)
> 《중국통사(中國通史)》

일곱 나라의 연합군이 위풍당당하게 쳐들어왔지만,

> 칠국의 반역으로
> 조정이 진동했다.
> 바이서우이(白壽彝)
> 《중국통사(中國通史)》

3개월 뒤, 와르르… 모두 무너졌지….

> 3개월 만에
> 한나라 군대는
> 오초칠국의 난을 평정했다.
> 바이서우이(白壽彝)
> 《중국통사(中國通史)》

원래는 위협적이었던 일곱 제후국이

오왕(吳王) 유비(劉濞), 초왕(楚王) 유무(劉戊), 조왕(趙王) 유수(劉遂),
교서왕(膠西王) 유앙(劉卬), 제남왕(濟南王) 유벽광(劉辟光), 치천왕(菑川王) 유현(劉賢),
교동왕(膠東王) 유웅거(劉雄渠)가 모반을 일으켜 군대를 서쪽으로 출동시켰다.

《사기(史記)·효경본기(孝景本紀)》

모두 한 번 된통 당한 거야.

주상은 곧 대장군 두영(竇嬰)과
태위 주아부(周亞夫)를 보내
병사를 이끌고 토벌하게 했다.

《사기(史記)·효경본기(孝景本紀)》

한나라가 자신의 강력한 힘을 보여준 거지.

지방 분할 세력이
중앙 왕조에 맞설 힘이
없었다는 것을 보여준다.
린젠밍(林劍鳴) 《진한사(秦漢史)》

경제는 이 기회에
각 제후국의 행정권을 회수했어.

조정에서는
반란의 남은 위협을
제거한다는 명목으로
각 왕의 행정권을 박탈했다.
바이서우이(白壽彝)
《중국통사(中國通史)》

이때부터 제후왕은 자신의 나라에서
세금만 걷을 수 있고,

제후왕들의
각종 특권을 빼앗았고,
세금만 거둘 수 있게 했다.
《중국대백과사전·
중국역사(中國大百科全書·
中國歷史)》

통치권은 없어진 거지.

제후왕이 백성을 더 이상
다스리지 못하게 했다.
바이서우이(白壽彝)
《중국통사(中國通史)》

이렇게 중앙 정권에 대한
제후국의 위협이 크게 감소했어.

이때부터 제후들의 힘이
강력해 통제가 어려웠던
국면이 크게 해소되면서
통일 국가로서의 한나라가
한 걸음 더 공고해질 수 있었다.
바이서우이(白壽彝)
《중국통사(中國通史)》

문제와 경제 2대에 걸친 황제들의 노력으로

황권이 왕권을
통제할 수 있게 되면서,

각각의 제후왕국의 힘이
더욱 약해졌다.

린젠밍(林劍鳴)《진한사(秦漢史)》

중국 역사상 첫 번째 태평성대야.
이를 '문경지치(文景之治)'라고 불러.

문경지치는 서한의 문제와
경제 2대의 40년간 정치가 안정되고,
경제 생산력이 뚜렷하게 발전하며
나라를 평온하게 다스린 것을 말한다.
이는 중국 봉건 사회 역사상 처음으로
나라를 평화롭게 다스린 경우였다.

인민교육출판사
《의무교육 교과서·
7학년 역사 상권(교사용)》

비록 내부의 위협은 통제했지만,
외부의 우환은 어떻게 처리해야 할까?

흉노의 선우가
편지를 보내어 말했다…
"군사들이 훌륭하고,
말의 힘도 강하며"

《자치통감(資治通鑑)·한기(漢紀) 6》

이어서 계속

문제는 노역을 줄이고, 세금을 낮출 것을 주장했으며, 나라 경제를 많이 회복시켰다. 그는 검소한 사람이라서 자신의 장례를 호화롭게 치르지 말라고 명하기도 했다. 문제는 각 대에 걸쳐 문인들의 찬사와 백성의 존경을 받았다. 서한 말기에 반란을 일으킨 적미군이 장안을 점령했을 때, 다른 황릉들은 훼손됐지만, 문제의 황릉은 건드리지 않았다. 경제는 더 나아가 소작료를 낮추고, 농업을 권장했으며, 황후에게 누에를 키우고 베를 짜는 일 등을 감독하게 했다. 이외에 문경 부자는 진나라의 가혹한 형벌과 법률을 없애 백성들을 편안하게 했다.

40여 년 동안 두 군주는 쇠퇴한 나라와 가난해진 백성을 체계적으로 다스렸다(유민들이 돌아오고, 인구도 늘어나 큰 열후국은 3~4만 호에 달하고, 작은 열후국은 기존의 두 배가 되었다. 나라의 부유함과 넉넉함이 이와 같았다《자치통감(資治通鑑) · 한기(漢紀) 6》). 그들의 성과는 이후의 태평성대에 기초를 다졌고, 통치 방식은 후대에 깊은 깨달음을 주었다.

한문제, 한경제 역 - 라면

참고 문헌 : 《사기(史記)》, 《한서(漢書)》, 《자치통감(資治通鑑)》, 《한양릉 박물관(漢陽陵博物館)》, 왕위더(王玉得) 등 《중국궁정문화집관(中國宮廷文化集觀)》, 《중국대백과사전 · 중국역사(中國大百科全書 · 中國歷史)》, 바이서우이(白壽彝) 《중국통사(中國通史)》, 젠보짠(翦伯贊) 《진한사(秦漢史)》, 린젠밍(林劍鳴) 《진한사(秦漢史)》, 왕통링(王桐齡) 《중국전사(中國全史)》, 주쉬에친(朱學勤) 《유방(劉邦)》, 난징(南京) 시범 대학 고문헌 정리 연구소 편저 《강소 예문지(江蘇藝文志)》, 자오페이(趙沛) 《정치와 사회의 공조 · 서한 정치사의 시각(政治與社會互助 · 西漢政治史的視角)》, 인민교육출판사 《의무교육 교과서 · 7학년 역사 상권》, 인민교육출판사 《의무교육 교과서 · 7학년 역사 상권(교사용)》

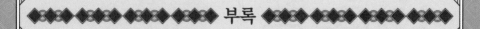
천자의 애정 과시

문제가 황후를 세울 때, 홀
아비와 과부, 고아, 늙어서
자식이 없는 사람들, 가난
한 사람들에게 일정한 양의
천, 비단, 쌀, 고기를 하사하
며 천하의 모든 사람과 함
께 이를 축하하게 했어.

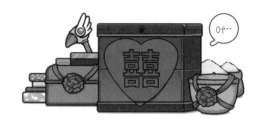

어…

가장 '인색한' 황제

문제가 재위한 23년 동안, 그 어
떤 궁전이나 의복, 장신구, 도구
들도 더 늘리지 않았어. 한번은
궁에 노대(발코니)를 만드는 데
금 100금이 들어간다고 하자 곧
장 포기했지.

평탄하게 사는 게
최고야.

괴로움과 즐거움을
함께하다

경제는 말년에도 여전히 백성들과 동
고동락했어. 전쟁에서 이기면 전국에
연회를 5일 동안 베풀었고, 수확이 적
은 해에는 사람들에게 음식이 너무
일찍 동나지 않도록 소식하라고 말하
기도 했어.

이번 주는
다 같이 5일 동안
금식하자…

야옹이들의 프로필

<불공평>

<맛있는 건 놓칠 수 없지>

라면아, 숙제 좀 베끼게 빌려줘!

여기.

꼬바기야 고마워!

오늘 수업 팔기야. 곧 시험인데 졸면 안 돼!

감자칩 하나만 먹으면 안 돼?

안 돼!

응!

우리 같이 힘내자!

그럼 나 돈 좀 빌려줄래?

아…

80점

왜…

50점

시험이 끝나고

진짜 음식 빼곤 다 괜찮구나…

여기.

라면

쌍둥이자리
생일 : 6월 1일
키 : 180cm
가장 좋아하는 꽃 : 수선화
가장 좋아하는 음식 : 햄버거
성격 : 상냥한 성격이지만, 맛
있는 음식을 먹지 못할 때만큼
은 화를 낸다.

(인간 라면 소개)

라면네 가게
Lamian's Shop

제 35 장

●

거대한 한나라를 만든 한무제

한 고조 유방이 건국한 이래,

한 5년 2월,
유방은 정도에서
황제의 자리에 오르며
서한 황조를 세웠다.

바이서우이(白壽彝)
《중국통사(中國通史)》

고황후가 개혁하고

고후가 여자 군주로서
황제를 대행해 모든 정치가
안방에서 나왔지만,
천하는 편안했다.

《사기(史記) ·
여태후본기(呂太后本紀)》

문경 두 황제가 백성을 편안하게 해주면서
국력을 회복하고,

문경이 다스리던 시기에
사회가 비교적 안정적이고
백성들이 부유해졌다.

인민교육출판사
《의무교육 교과서 ·
7학년 역사 상권》

몇 대의 노력을 거쳐
한 제국의 뿌리는 점차 굳건해졌어.

십여 년 동안 국민의 부담을 줄이고 생활을 안정시켜 원기를 회복하게
하는 정책을 실행함에 따라 한무제 시절에는 국력이 강성해졌고,
중국 봉건 시대 첫 전성시대가 펼쳐졌다.
인민교육출판사 《고등학교 과정 표준 실험 교과서·필수 역사 3(교사용)》

이 새로운 황조의 발전 계획 스케줄이 드디어 잡힌 거야.

무제 통치 시기가 한나라 역사의 새로운 전환점이었다.
《케임브리지 중국 진한사》

그리고 이 중책은
제5대 황위를 계승할 사람에게 맡겨졌어.

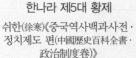

한나라 제5대 황제
쉬한(徐寒)《중국역사백과사전·
정치제도 편(中國歷史百科全書·
政治制度卷)》

그게 바로 그 유명한 한나라의
효무(孝武)황제, 유철(劉徹) 고양이야!

한무제 유철이었다.
쉬한(徐寒)《중국역사백과사전·
정치제도 편(中國歷史百科全書·
政治制度卷)》

유철 고양이는 어린 나이에 황위에 올랐는데,

한무제는 어린 나이에
황제에 올랐다.
쉬카이(徐凱)《중국 역사의 중요
혁신과 변법(中國歷史上的
重要革新興變法)》

즉위 당시, 나이가 16살밖에
되지 않는 귀요미였어.

16세… 태자가
황위에 올랐다.

《한서(漢書)·오행지(五行志)》

그의 손에 들어온 한 제국은
이미 인구도 많이 늘어나고
경제도 많이 발전한 상태였지.

한나라가 세워지고
무제 초년에 이르기까지
지속해서 생산력과
국력을 회복하는 정책을
시행했다. 그래서 한나라는
이미 매우 충분한
경제적인 힘을 가지고 있었다.

바이서우이(白壽彝)
《중국통사(中國通史)》

윗대의 노력으로
그에겐 충분한 자본이 준비되었어.

잘해야 해!

윙!

'문경지치'를 겪은 뒤
한나라는 경제적으로
일정한 회복과 발전을 이루었다.
무제 초년에 이르러서는
국가에 이미 비교적 충분한
자본이 축적되어 있었다.

거젠슝(葛劍雄)
《국가의 영토와 행정구역
(疆域與政區)》

거대한 한나라를 만든 한무제

유철 고양이 앞에는 넘어야 할 두 개의 산이 있었는데,

내부적으로는 제후왕을 세우는 것이고,

왕국 통치권은
비록 약해졌지만,
점유한 땅은 여전히 거대해서
중앙집권에는
위협이 존재했다.

인민교육출판사
《의무교육 교과서·
7학년 역사 상권(교사용)》

외부적으로는 흉노의 위협이었지.

변경 지역의
주된 불안 요소는
서한에 대한 북방 흉노의
위협이었다.

인민교육출판사
《의무교육 교과서·
7학년 역사 상권(교사용)》

어떡하지?

그래서 먼저 사상을 통일했어!

유가(儒家)에서는
'충군[70]'과 '애민[71]'을 강조하는데,

공자가 대답하며 말씀하시길…
"신하는 충성으로
임금을 섬기는 것이다."
《논어(論語)·팔일(八佾)》

맹자가 말하길
"백성이 가장 귀하고,
국가의 사직은 그다음이며,
군주가 가장 가볍다."
《맹자(孟子)·진심하(盡心下)》

이 사상은 곧 군주를 보호하고, 백성에게 인정받을 수 있는 것이었어.

---

70) 충군(忠君) : 임금에게 충성함. – 역주.
71) 애민(愛民) : 백성을 사랑함. – 역주.

한무제는 동중서[72]의
대통일 사상을 매우 높게 평가했고,
유학을 연구하지 않는
태상박사[73]는 예외 없이 파면했으며,
황로[74] 등 백가의 학설을 배척하고
나라의 교육기관에서
배제시켰다.

인민교육출판사
《의무교육 교과서·
7학년 역사 상권(교사용)》

그래서, 유철 고양이는
다른 학설은 모두 버리고,

유학을 유일한 관학(공교육)으로 정했지.

'백가를 배척하고
유학만 중시하는' 정책을 확립해
이후 유학은 한 황조 전체와
2천 년 봉건 사회에서
백성을 통치하는
사상으로 자리 잡았다.

바이서우이(白壽彝)
《중국통사(中國通史)》

이때부터 수많은 인재들이
유학을 통해서 선발되었어.

'백가를 배척하고
유학만 중시하는' 정책을
시행한 뒤, 주로 유생들 중에서
관리를 뽑았다.

인민교육출판사
《의무교육 교과서·
7학년 역사 상권(교사용)》

---

72) 동중서(董仲舒) : 중국 서한 유가학파의 대표 인물. – 역주.
73) 태상박사(太常博士) : 국가의 예법과 제사를 담당하는 관직. – 역주.
74) 황로 : 중국의 전설적인 임금인 황제(黃帝)와 도가사상의 창시자 노자(老子)를 말한다. – 역주.

유생이 늘어나면서, 황제의 권위가 더 커졌지.

지식과 재능을 겸비한 유학자 수백 명을 국정에 참여시켜 통치를 굳건히 했다.
인민교육출판사 《고등학교 과정 표준 실험 교과서·필수 역사 3(교사용)》

유철 고양이는 바로 이런 황제의 권위를 활용해
제후왕들에게 손을 쓰기 시작했어.

추은령[75]을 시행했다… 사실상 강제성을 띠고 있었다.
거젠슝(葛劍雄) 《국가의 영토와 행정구역(疆域與政區)》

75) 추은령(推恩令) : 제후가 죽으면 적자뿐만 아니라 모든 자식이 봉지를 나누어 갖게 하는 제도로,
제후왕국을 분열시켜 그 힘을 약화하려는 의도가 있었다. – 역주.

한나라 초기는 천자와 제후왕들이 함께
나라를 다스리는 모습이었어.

> 한나라 초기. 봉건 제도와
> 군현제를 서로 절충한
> 군국 제도를 실행했다.
>
> 왕퉁링(王桐齡)
> 《중국전사(中國全史)》

제후왕의 영토 세습은

> 지금 제후의 자제는
> 수십 명이나 되는데
> 적자만 왕위를 계승한다.
>
> 《한서(漢書)·
> 주부언전(主父偃傳)》

역시 아버지가 죽으면 적장자가 계승하는 방식이었는데,

적장자가 아닌 자식들은 그저 의기소침한 채 옆에 서 있을 수밖에 없었지.

다른 혈육들은 봉지를 받지 못한다.
《한서(漢書)·주부언전(主父偃傳)》

이 점을 이용해, 유철 고양이는 '추은령(推恩令)'을 선포했어.

무제 시절 주부언의 계책을 받아들여 추은령을 제정했다.
바이서우이(白壽彝)《중국통사(中國通史)》

이는 제후왕들이 편애하지 말라는 뜻으로

> 제후왕이 개인적으로
> 은혜를 베풀어 왕국의 땅의
> 일부를 자식들에게 나누어 주고
> 열후로 봉하는 것을 허락했다.
>
> 바이서우이(白壽彝)
> 《중국통사(中國通史)》

봉지를 적장자에게 물려주는 것 외에

다른 자식들에게도 나누어 줄 수 있게 한 거야.

> 제후왕이 자신의 봉지를
> 자녀들에게 나누어 주고
> 작은 열후국을 세울 수 있게
> 허락하는 명을 내렸다.
>
> 인민교육출판사
> 《의무교육 교과서
> ·7학년 역사 상권(교사용)》

이런 정책은 당연히
제후왕의 자식들에게 환영받았어.

추은은 이와 관련된
황족이 원하고,
반기는 제도였다.
바이서우이(白壽彛)
《중국통사(中國通史)》

그렇게 큰 제후왕국들은
수많은 작은 제후국들로 분해되었지.

제후국의 봉지는
다시 촘촘히 나뉘어 분봉되었고,
제후왕도 갈수록 많아졌다.
인민교육출판사
《의무교육 교과서·
7학년 역사 상권(교사용)》

왕국이 제후국이 되고,
나누면 나눌수록 작아졌어.

왕국들이 연이어
분봉을 시행하자
제후왕들의 봉지는
갈수록 작아졌다.
인민교육출판사
《의무교육 교과서·
7학년 역사 상권(교사용)》

제후왕들의 힘은 거의 사라졌지.

추은령으로 인해
제후왕국들의 힘은
심각하게 약해졌고,
다시는 중앙 정권에 대한 위협을
조성할 수 없었다.

거젠슝(葛劍雄)
《국가의 영토와 행정구역(疆域與政區)》

하지만 힘을 약하게 만드는 것만으로는 부족했어.

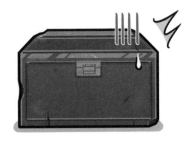

'멸망'시켜야 했지!

기원전 112년…
조정은 계획적으로
제후들을 파면했다.
《케임브리지 중국 진한사》

그래서 유철 고양이는 직접 핑곗거리를 찾았어.
제후들이 제사 때 사용한 황금의 품질과 색이 별로라고 말했지.

원정 5년,
무제는 열후들이 헌납한
황금의 무게와 질이
부족하다는 명목을 내세웠다.
바이서우이(白壽彝)
《중국통사(中國通史)》

말 한마디로 제후국들을 회수한 거야.

106명의 열후 작위를
박탈했다.
바이서우이(白壽彝)
《중국통사(中國通史)》

이때 이후로, 기존의 제후왕국들이 거의 다 소멸했어.

한 제국 내부가
드디어 진정한 통일을 이루었지.

중앙 집권 정치 아래
정치적 법령을 통일했다.
젠보짠(翦伯贊)
《진한사(秦漢史)》

하지만 제국이 평온했을까?

아니었어.

(한무제는) 이에 만족하지 않았다···
굴욕적인 위치에 있었기 때문에···
장기간 서한 왕조를 괴롭혀온
변경 지역의 우환을
제거하기로 결심했다.
《중국군사통사(中國軍事通史)》

또 다른 큰 산인 외부의
흉노족 때문이었지.

변경 지역에서
흉노의 소규모 침입이
계속 끊이지 않아
한나라 북부 변경 지역의
큰 우환이 되었다.

거젠슝(葛劍雄)
《국가의 영토와 행정구역
(疆域與政區)》

대 한나라가 막 세워졌을 때
심각하게 지쳐 있었던 터라

컥컥!

서한 첫해,
경제 불황에 온 나라가
황량 그 자체였다.

인민교육출판사
《의무교육 교과서 · 7학년 역사 상권》

흉노가 무슨 짓을 하든…
다 참아주었어.

침착…

고제부터 무제 초년까지…
한나라의 힘이 부족해서…
흉노를 제압할 수 없었고,
임시방편으로 화친 등 흉노에게
유리한 방식과 변경 지역의
일시적인 안녕을
맞바꿀 수밖에 없었다.

거젠슝(葛劍雄)
《국가의 영토와 행정구역(疆域與政區)》

하지만 유철 고양이 시절엔
한나라가 예전과 달라졌기 때문에

공격!

서한은 문, 경 시절 수십 년간의
재정비를 거쳤고, 한무제가 즉위할 때는
국력이 이미 크게 성장해 있었다…
풍부한 물질적 기초로
서한 조정은 흉노에 반격할
거대한 군사적, 경제적 지원을
준비했다.

위안밍취안(袁明全)
《한무제 시기 전시 재정 요약
(漢武帝時期戰時財政簡述)》

한나라는 더 이상 흉노에게
여자들과 보화를 보내지 않았고,

오히려 대군을 보냈지.

한무제 당시,
국력이 강성했고,
강력한 기병 부대를 조직해
흉노에 대한 대규모 반격을
시작했다.
인민교육출판사
《의무교육 교과서 · 7학년 역사 상권》

유철 고양이는 북방의 흉노에게
총 세 차례의 대규모 공격을 연이어 감행했는데,

원삭 2년, 흉노가 침입하자, 한나라는 위청(衛靑) 장군을 파견해
병사를 이끌고 운중[76]에서 출격하게 했다. 원수 2년, 무제는
곽거병(霍去病) 장군에게 병사를 거느리고 원정길에 오를 것을 명했다.
원수 4년, 한나라는 기병 10만 명을 파병했다.
바이서우이(白壽彝)《중국통사(中國通史)》

그때마다 흉노는 점차 후퇴했고,

흉노는 다시는 정면으로 관중 일대를 공격할 수 없었다. 흉노의 오른쪽 지역을
크게 쳤다. 흉노의 선우는… 위청에게 패해 도주했고…
흉노의 주력군은 서쪽으로 멀리 도망쳤다.
바이서우이(白壽彝)《중국통사(中國通史)》

---

76) 운중(雲中) : 지금의 네이멍구(內蒙古) 퉈커퉈(托克托)지역. – 역주.

대규모의 영토가
한나라 영역으로 들어오게 되었어.

하투[77] 일대를 되찾고…
하서(河西) 4군 지역도 얻었다…
한나라 군대는 북쪽에서 서쪽에
이르는 장액,[78] 거연해[79] 부근의
거대한 지역까지 점령했다.
바이서우이(白壽彝)
《중국통사(中國通史)》

유철 고양이가 다스리면서
한 제국의 영토는 동쪽은 조선,
서쪽은 중앙아시아, 남쪽은 베트남 중부와 남해,
북쪽은 음산(陰山) 이북까지 넓어졌어.

한나라의 남쪽은 베트남 중부 지역까지 넓어졌다. 무제 때는 음산(陰山)
산맥(내몽고 자치구 중부 산맥)에서 조선의 한강 유역까지, 모든 하서 길목과 황수[80]
유역을 장악했고 서역으로 가는 길을 열어 무역을 편리하게 했다.
거젠슝(葛劍雄)《통일과 분열 · 중국 역사의 계시(統一與分裂 · 中國歷史的啓示)》

한나라 초기에 비해 영토가
거의 두 배가 된 거야.

(한무제 당시) 한나라의 영토도
유례없는 범위로 확장되었다.
거젠슝(葛劍雄)
《통일과 분열 · 중국 역사의 계시
(統一與分裂 · 中國歷史的啓示)》

---

77) 하투(河套) : 지금의 네이멍구(內蒙古) 어얼둬쓰(鄂爾多斯) 지역. – 역주.
78) 장액(張掖) : 지금의 간쑤(甘肅)성 중부 도시. – 역주.
79) 거연해(居延海) : 지금의 네이멍구(內蒙古) 어지나치(額濟納旗) 지역 호수. – 역주.
80) 황수(湟水) : 지금의 허난(河南) 공이(巩義)시 동남쪽에 있는 강. – 역주.

대 한나라는 진정으로 명실상부한 초강대국이 되었어.

한무제에 이르러서야 한나라는 비로소
진정으로 당시 세계 최고의 강대국이 되었다.
인민교육출판사《의무교육 교과서·7학년 역사 상권》

게다가 그는 이 모든 걸 완성하는 데 30년밖에 걸리지 않았지.

무제 건원 6년(기원전 135년)부터 서한의 영토가 넓어지기 시작했다.
저우전허(周振鶴)《서한 행정구역 지리(西漢政區地理)》

원봉(元封) 연간(기원전 115년 ~ 기원전 105년)까지
한 제국 주변의 정권은 거의 모두 사라졌다.
마멍룽(馬孟龍)《서한 후국 지리(西漢侯國地理)》

유철 고양이는 한나라의 제5대 황제로서,
그의 역사적 임무를 아주 잘 완수했어.

한무제는 양한에서
가장 재능이 뛰어나고
원대한 책략을 가진 황제였고,
봉건 전제주의 제도를
만들었다. 고대 역사에서는
흔히 그와 진시황을 함께
거론하며 '진황한무'라고 부른다.

바이서우이(白壽彝)
《중국통사(中國通史)》

재위 기간에
그는 중앙 집권과 군주 전제 정치를 강화했고,

한무제는
중앙 집권의 강화 과정에서
핵심적인 인물 중 하나다.

인민교육출판사
《고등학교 과정 표준 실험 교과서·
필수 역사 1(교사용)》

밖으로는 국경을 넓히고,
안으로는 권력을 회수했지.

한무제는…
새로운 땅을 개척하기 시작했다.

거젠슝(葛劍雄)
《국가의 영토와 행정구역(疆域與政區)》

한무제의 재위 기간에…
끊임없이 중앙의 통치를 강화했고,
지방의 힘을 약화시켰다.

인민교육출판사
《고등학교 과정 표준 실험 교과서·
필수 역사 3(교사용)》

한나라의 기초를
튼튼히 만들었어.

한나라(기원전 206년 ~ 기원 220년)는
유방이 건국했다.

상무출판사(商務印書館)
《현대한어사전 (現代韓語辭典)》

한무제가 재위한 53년 동안,
서한 전기의 정치, 경제 제도를
개혁하고 중앙 집권식 관료 체제를
완벽하게 세우기 위한
기초를 놓았다.

마주어우(馬作武)
《중국 법률 사상사 요강
(中國法律思想史綱史)》

그리고 '한'이 민족의 칭호가 되게 했지.

한나라 황조의 강하고
깊은 영향을 받아
중국의 주체 민족인
한족도 한나라 황조 때
형성되었다.

순훙니안(孫宏年)
《사해일가 · 변방 통치와 민족관계
(四海一家 · 邊疆治理興民族關係)》

하지만 달이 차면 기운다는 말처럼,
강성했던 한나라는 또 어떤 변화를 맞이하게 되었을까?

이어서 계속

편집자의 말 ◇◇◇◇◇◇◇◇◇◇◇◇◇◇◇◇◇◇◇◇◇◇◇◇◇◇◇

　　한무제는 나라를 잘 다스렸고, 밖으로는 정복 전쟁을 벌였다. 추은령으로 삭
번을 완성했고, 흉노를 원정했으며, 서역 통로를 뚫었다. 남월[81]과 민월,[82] 서남
쪽 소수민족도 평정했다. 한무제 시기 한나라는 가장 강했고, 중국 역사상에서
도 강성한 시대였다. 하지만 전쟁으로 국고는 비었고, 말년에 신선에 빠진 무제
는 묘약을 구하러 다녔다. 또한, 무고지화[83]로 태자와 황후를 죽음으로 내몰고,
많은 사람을 죽였다. 나중에 진상이 밝혀지자 한무제는 죄기소[84]를 반포했다.
잘못을 인정하고 개선한 점은 역대 황제들과 차이점이다.

한무제 역 - 우롱차

참고 문헌 : 《사기(史記)》, 《한서(漢書)》, 《논어(論語)》, 《맹자(孟子)》, 《케임브리지 중국 진한
사》, 《중국군사통사(中國軍事通史)》, 바이서우이(白壽彛) 《중국통사(中國通史)》, 쉬한(徐寒)
《중국역사백과사전 · 정치제도 편(中國歷史百科全書 · 政治制度卷)》, 쉬카이(徐凱)《중국 역사
의 중요 혁신과 변법(中國歷史上的重要革新興變法)》, 거젠숑(葛劍雄)《국가의 영토와 행정구
역(疆域與政區)》 및 《통일과 분열 · 중국 역사의 계시(統一興分裂 · 中國歷史的啓示)》, 왕통
링(王桐齡)《중국전사(中國全史)》, 젠보짠(翦伯贊)《진한사(秦漢史)》, 위안밍취안(袁明全)《한
무제 시기 전시 재정 요약(漢武帝時期戰時財政簡述)》, 저우전허(周振鶴)《서한 행정구역 지
리(西漢政區地理)》, 마멍룽(馬孟龍)《서한 후국 지리(西漢侯國地理)》, 마주어우(馬作武)《중
국 법률 사상사 요강(中國法律思想史綱史)》, 순훙니안(孫宏年)《사해일가 · 변방 통치와 민
족관계(四海一家 · 邊疆治理興民族關係)》, 상무출판사(商務印書館)《현대한어사전 (現代韓
語辭典)》, 인민교육출판사 《의무교육 교과서 · 7학년 역사 상권》 및 《고등학교 과정 표준 실
험 교과서 · 필수 역사 1(교사용)》, 《고등학교 과정 표준 실험 교과서 · 필수 역사 3(교사용)》

---

81) 남월(南越) : 지금의 광둥(廣東)성과 광시(廣西)성에 있던 나라. – 역주.
82) 민월(閩越) : 지금의 푸젠(福建)성 지방에 있던 야만족의 나라. – 역주.
83) 무고지화(巫蠱之禍) : 태자가 모함을 받아 무제의 공격을 받고 자살한 사건. – 역주.
84) 죄기소(罪己诏) : 군주가 모든 원인을 자기에게로 돌리고 자책하는 글. – 역주.

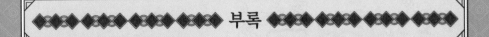
제국의 쌍벽

위청과 곽거병은 무제 때 가장 유명한 장군이 었어. 당시의 흉노족에 게 그 둘은 사신(死神)과 도 같은 존재였지.

무제의 별명

한무제의 별명은 유체(劉 彘)였어. 유체는 '돼지'라는 뜻이야.

실크로드

무제는 흉노에 저항하는 연맹 을 조직하기 위해 서역으로 사 신을 보냈는데, 생각지도 못하 게 그 기회로 동서양 무역 통로 인 '옛 실크로드'가 연결되었어.

장건

야옹이들의 프로필

<우롱차의 사진>

컬러 사진

흑백 사진

컬러 사진

<깔끔한 우롱차>

우롱차

게자리
생일 : 7월 11일
키 : 180cm
가장 좋아하는 꽃 : 동백꽃
가장 좋아하는 음식 : 딸기치즈
케이크
성격 : 부드럽고 조용하다. 다른
사람을 돌보는 것을 좋아한다.

(인간 우롱차 소개)

제 36 장

•

왕망이 신나라를 세우다

한나라는 초기 발전을 통해
황제의 권력을 유례없는 수준으로 집중시켰어.

서한의 정치는 무제 때
새로운 단계에 진입했다.
이는 중앙 집권 정치 체제의 설립을
완성한 것이었다.
젠보짠(翦伯贊)《진한사(秦漢史)》

하지만 권력은 영원히 강자만의 무기이기 때문에,

제국의 통치자가 무능하면,

원제 때,
황실의 권력이 약해졌다.
바이서우이(白壽彝)
《중국통사(中國通史)》

강한 신하와 약한 군주의 관계가 나타나게 되지.

조정에서 각 세력이
그 틈을 타 일어났고,
권력 다툼이 시작되었다.
바이서우이(白壽彛)
《중국통사(中國通史)》

한나라 말기,

서한 후기에 조정이 부패했다.
인민교육출판사
《의무교육 교과서·
7학년 역사 상권(교사용)》

세력이 약해진 황제는
외척의 힘을 빌리기 시작했어.

성제(成帝)가 즉위하고…
환관들이 정치적 다툼에서
세력을 잃자 외척들이
대신 세력을 잡기 시작했다.
바이서우이(白壽彛)
《중국통사(中國通史)》

그게 바로,
왕씨 외척이었지.

성제 때부터 외척 왕씨가
권력을 독점했다.

린젠밍(林劍鳴)《진한사(秦漢史)》

황제가 그들을 중용하면서
왕씨 무리의 권력이 조정을 압도했어.

왕씨 가문 사람 중
10명이 연이어 제후로 봉해지고,
5명이 대사마[85]에 임명되었고,
장기간 권력을 독차지했다.

바이서우이(白壽彝)
《중국통사(中國通史)》

그리고 한 고양이가 나타나면서
강력한 한 제국에 종말을 알리는 종이 울렸지.

210년간의 서한 왕조가
이렇게 끝이 났다.

인민교육출판사
《의무교육 교과서·
7학년 역사 상권(교사용)》

---

85) 대사마(大司馬) : 중국 고대 관직의 이름으로, 조선시대 병조 판서에 준한다. – 역주.

그 고양이가 바로…
왕망(王莽) 고양이야!

안녕하세요.
제가 이번 시즌
악역입니다.

왕망

왕망이…
스스로를 황제라 칭하며
국호를 '신(新)'으로 바꿨다.
역사에선 '신망(新莽)'이라 불렸다.

인민교육출판사
《의무교육 교과서·
7학년 역사 상권(교사용)》

집권 가문으로서 왕씨 가문 사람들은
대부분 사치스러운 생활을 했어.

망의 친척들은
모두 장군이나 다섯 후의 아들들로
사치를 부리고, 노래와 춤,
여자에 빠져 유람을 다니는 것으로
서로 과시했다.

《한서(漢書)·왕망전(王莽傳)》

그럼 왕망은?

망은 홀로
고아였고 가난했다.

《한서(漢書)·왕망전(王莽傳)》

그는 배우는 것을 좋아하고,
공부도 열심히 할 뿐만 아니라

패군(沛郡)의 진삼(陳參)을
스승으로 모시고
《예경(禮經)》을 배웠고,
몸을 고되게 하고
많이 배웠으며
유생처럼 입고 다녔다.
《한서(漢書)·왕망전(王莽傳)》

가문의 어른들도 잘 모셨지.

루피 현상금이
15억이래요.

숙빈! 이번 화가
진짜 재미있었어요!

정말이냐…

어머니와 과부가 된
형수를 모시고… 안으로는
여러 백부, 숙부들을 잘 모시고…
백부인 대장군 봉(鳳)이
병이 나자 병간호를 했으며,
직접 약의 맛을 보고
머리카락도 정리하지 못하고
얼굴도 씻지 못했으며,
몇 달 동안 옷고름도 풀지 못했다.
《한서(漢書)·왕망전(王莽傳)》

이런 미덕 때문에,
왕망은 집안 어른의 추천으로

왕봉은 망의 효심에 감동해
죽기 전에 성제(成帝)와
여동생인 왕정군에게 망을
잘 돌봐달라고 재차 당부했다.
바이서우이(白壽彝)
《중국통사(中國通史)》

다른 내용도 제가
다 이야기해드릴게요.

착한 것…

조정 관리로 임명되었어.

보살핌 덕분에…

왕망은 이로 인해
황문랑(黃門郎)이 되었고,
그의 관직 생활이 시작되었다.

바이서우이(白壽彝)
《중국통사(中國通史)》

일도 열심히 하고
인간관계도 아주 잘해서,

정말 고마워.

이건 새로 나온 단행본이에요.

선배 업무는 제가 다 해놨어요.

임무완수

오랜 시간이 지나
숙부인 성도후 상(商)이
상소를 올려 자신의 호읍을
망에게 봉해줄 것을 요청했다…
당대의 명사들이 모두
망을 위해 말했다.

《한서(漢書)·왕망전(王莽傳)》

왕망 고양이는 단번에
높은 자리까지 올라갔지.

승진

이로 인해 망이 현명하다고 생각했다.
영시(永始) 원년, 망을 신도후에 봉하고,
남양(南陽)군 신야(新野)현 지역의
1,500만 호를 주었다.
기도위(騎都尉), 광록대부(光祿大夫),
시중(侍中)으로 진급했다.

《한서(漢書)·왕망전(王莽傳)》

하지만 그는 높은 자리에 올랐음에도,

지위가 올라갈수록…
《한서(漢書)·왕망전(王莽傳)》

여전히 자신의 소박한 삶을 유지했어.

절조를 시키고
더 겸손하게 행동했다.
《한서(漢書)·왕망전(王莽傳)》

심지어, 자기 월급으로
가난한 고양이들을 자주 도와주었지.
(진짜 악역 맞아?)

이 사람도
가난해 보이는데…

말과 의복을 내놓고,
손님들에게 베푸느라
집에 남는 것이 없었다.
《한서(漢書)·왕망전(王莽傳)》

늘 한결같은 모습에 왕망 고양이는
조정에서부터 백성들에게까지
모두에게 '좋아요'를 받았어.

엄마,
저 성공했어요!

사장님 감사합니다.
팬분들 감사해요

높은 자리에 있는 사람들이
더욱 그를 추천했고,
유세하는 사람들이
그에 관해 이야기하니
그의 헛된 명성이
멀리 퍼져나갔다.

《한서(漢書)·왕망전(王莽傳)》

기원전 7년, 성제가 죽고
애제(哀帝)는… 황제가 되었다…
왕망은 급변하는 궁의 상황을
꿰뚫어 보았다.
상황이 불리해지자
먼저 상소를 올려…
사직을 청했다.

린젠밍(林劍鳴)《진한사(秦漢史)》

훗날 자리에서 물러났다가도,

매우 빠르게 조정에 복귀했지….

왕망이 조정에선
힘을 잃었으나
그의 지역에선 명성이
갈수록 높아졌다…
원수(元壽) 원년…
애제는 왕망을
다시 불러들였다.

린젠밍(林劍鳴)《진한사(秦漢史)》

왕망이 신나라를 세우다

그럼 이렇게 '바보같이 순수한' 그는…

▶ 좋은 사람이 되는 게 목표였을까? ◀

아니야!

왕망에게도 자신만의
정치적 포부가 있었어.

(왕망은) 야심이
큰 사람이었다.

린젠밍(林劍鳴)

《진한사(秦漢史)》

기원전 1년, 황제가 죽고,

애제가 죽고,
자식이 없었다.

《한서(漢書)·
왕망전(王莽傳)》

왕망은 9살의 어린 황제를
황위에 앉혔어.

서기 원년, 팔다리가 없는 거나
다름없는 고작 9살의 유간(劉衎)이
황위에 떠밀려 올라갔다.

린젠밍(林劍鳴)
《진한사(秦漢史)》

그때부터 왕망이 국정을 다스리는 큰 권력을
손에 넣게 되었지!

71세의 원후가 임조칭제를 했다.
나이 든 원후와 어린 황제는
어쩔 수 없이 왕망에게
조정을 맡겨 지휘하게 했다.

린젠밍(林劍鳴)
《진한사(秦漢史)》

물론…
그는 여전히 자신의 고되고 소박한 삶을 유지하고 있었어….

매번 수해가 일어나고
가뭄이 들 때마다
왕망은 채식을 했다.
《한서(漢書)·왕망전(王莽傳)》

천재지변이 있을 때는
먼저 나서서 관리들에게 농민들을 구제할 수 있도록
땅을 기부하라고 말하기도 했지.

망이 글을 올려
자신의 100만 전과
논밭 30경을 바쳐
대사공에게 주어
빈민들을 돕겠다고 했다.
그래서 높은 관리들은
모두 존경하고 본받았다.
《한서(漢書)·왕망전(王莽傳)》

신하의 신분임에도 그는
성인이라는 칭송을 받았어….

계획적인 여론몰이로
왕망은 당대의 성인이 되었다.
바이서우이(白壽彝)
《중국통사(中國通史)》

이런 '인기' 때문에
왕망 고양이게게는
황제가 되고 싶다는 야심이 생겨났지.

(왕망은) 한씨 가문이 가진
천하를 손에 넣으려는
야심을 품었다.
젠보짠(翦伯贊) 《진한사(秦漢史)》

때마침, 어린 황제도 죽어버렸어….
(이거 정말 자기가 한 게 아니라고?)

하늘의 뜻과 민심이
모두 왕망을 향해 있던 상황에서
14살이 된 평제(平帝)가
서기 5년에 죽었다.
바이서우이(白壽彝)
《중국통사(中國通史)》

그러자 왕망은,
한편으로는 두 살짜리 아기를 황태자로 삼고,

현손(玄孫) 중에서
가장 어린 광척후의 아들
영(嬰)을 골랐는데
나이가 두 살이었다…
선제의 현손 영을
황태자로 삼고,
유자(孺子)라고 불렀다.
《한서(漢書)·왕망전(王莽傳)》

다른 한편으로는 천명을 받은 천자인 것처럼
스스로 '길조'를 제작했지.

왕망은
길조를 만들어내는 것을
잊지 않았다.
젠보짠(翦伯贊)
《진한사(秦漢史)》

예를 들어 사람을 시켜 야외에서 "왕망이 황제다"라고
쓰인 돌을 발견하게 하거나,

그달에 전휘광[86] 사효(謝囂)가
"무공(武功) 현장(縣長) 맹통(孟通)이
우물을 파다가 흰 돌을 얻었는데,
위는 둥글고 아래는 네모났고,
그 위에 붉은 글씨로
'안현공 망이 황제가 될 것이다'라고
써 있었습니다"라고 말했다.
《한서(漢書)·왕망전(王莽傳)》

재동[87] 사람 애장(哀章)이…
구리 궤짝을 만들어…
다른 하나에는 적제새(적제의 옥새)를
찍어 모(某)가 황제에게 전하는
금책서(金策書)라고 적어두었다…
거기에는 왕망이 진짜 황제가
될 것이라고 쓰여 있었다.
《한서(漢書)·왕망전(王莽傳)》

'왕망에게 황위를 물려 주어라'라고 쓰인
하늘의 편지를 바치게 했어….

---

86) 전휘광(前輝光) : 수도 주변 지역을 관리하는 장관. – 역주.
87) 재동(梓潼) : 지금의 쓰촨(四川)성 멘양(綿陽)시 지역. – 역주.

어쨌든 한바탕 분위기를 조성한 뒤…

TOP1 ◁ 정치

왕망 데뷔

구독자 : 107.7억   주최 : 공식 팬클럽

그(왕망)가 섭정한
5년 동안
수많은 길조가 나타났다.
바이서우이(白壽彝)
《중국통사(中國通史)》

왕망 고양이는 결국
'천명을 받아 돌아온' 모습으로
황위에 올랐지!

(왕망은) 황제의 관을 쓰고
왕태후를 찾아가 선포했다.
"저는 하늘의 뜻을 거슬러
진짜 황제가 되지 않을 수
없습니다."
바이서우이(白壽彝)
《중국통사(中國通史)》

이게 바로 역사 속 신(新)나라야!

왕망은… 짧았던
새로운 왕조를 만들었다.
바이서우이(白壽彝)
《중국통사(中國通史)》

천자가 된 왕망 고양이는
드디어 자신의 정치적 포부를 실현하는 소원을 성취하게 되었어.

그는 한나라 말기의 모든 어려움은
'규칙'이 없었기 때문에 생긴 것이고,

> 망은…
> 협소한 한씨 가문의 제도가
> 정밀하지 않다고 생각했다.
> 《한서(漢書)·식화지(食貨志)》

서주(西周) 시대의 제도를 부활시켜야만
자신이 나라를 잘 다스리고 천하를 안정시킬 수 있다고 생각했어.

> 황제 왕망은 진한을 부정하고
> 철저하게 주나라 때의 제도로
> 돌아가고자 했다.
> 고단샤《중국의 역사 3 -
> 시황제의 유산, 진한(秦漢)제국》

---

88) 예악(禮樂) : 예법과 예악. - 역주.

그래서 그는 새로운 정치를
시행하기 시작했지.

쾅!

왕망은… 고서에 기록된
각종 제도에 따라
한나라의 제도를
바꾸려고 했다.

바이서우이(白壽彜)
《중국통사(中國通史)》

왕망이 신나라를 세운 뒤
주나라 제도를 모방해
새로운 정치를 추진했다.
역사는 이를
'왕망개제'라고 부른다.

인민교육출판사
《의무교육 교과서·
7학년 역사 상권(교사용)》

역사는 이를 '왕망개제[89]'라고 불러.

왕 망 개 제
王葬改制

그는 정치 제도든, 경제 정책이든,
전부 다 바꿔버렸어….

(왕망은) 관리제도,
농작지제도, 화폐제도,
재정과 세무제도,
군사제도를 개혁했다.

인민교육출판사
《의무교육 교과서·
7학년 역사 상권(교사용)》

---

89) 왕망개제(王葬改制) : 왕망의 제도 개혁. – 역주.

그 결과는?
나라가 대혼란에 빠졌지!

왕망의 개혁은
사회가 점점 쇠퇴하고
파탄의 지경에 이르는 상황을
나아지게 하기는커녕 반대로
정치, 경제적 질서를
더 큰 혼란 속으로 빠뜨렸다.

바이서우이(白壽彝)
《중국통사(中國通史)》

예를 들어 관직 개혁의 일환으로
성과급 제도를 시행했는데,

(핵심 성과 지표)

이를 간단하게 말하자면,
지방의 농사 수확량에 따라서
관리에게 주는 월급이 정해지는 거야.

풍년이 들면 그들의 예를 가득 채우고
재해가 있으면 덜어내는 바가 있어
백성들과 함께 걱정하고
기뻐해야 한다… 낭(郎), 종관(從官),
중도관(中都官)의 관리 중에서
봉록을 도내에 쌓아둔 것으로
받는 사람은 태관이 선수(음식)를
줄이는 것에 준해 조절하라.
제후, 공주, 종실의 딸들,
부성의 관리들도
각자 자신에 해당하는 재해에 책임을
지도록 해라.

《한서(漢書) · 왕망전(王莽傳)》

이는 원래 지방 관리들을 격려해
각 지역의 농업을 발전시키려는 목적이었지….

하하…

하하…

> 위아래가 같은 마음으로
> 농업을 진흥시키도록 권장해
> 백성을 편안하게 해주길 바란다.
> 《한서(漢書)·왕망전(王莽傳)》

하지만 당시는 전문 회계사가 없는
옛날이라는 걸 알아야 해.

> 망의 제도가
> 이처럼 번거롭고 자잘해서
> 세금을 거두어들이고
> 계산하는 것이 어려웠다.
> 《한서(漢書)·왕망전(王莽傳)》

그래서 나중에는 관리들이
자주 월급을 받지 못했어.

> 끝내 녹봉을
> 받을 수 없었다.
> 《한서(漢書)·
> 왕망전(王莽傳)》

왕망이 신나라를 세우다

그러자 백성들을 착취해 이를 빼돌렸지….

각자가 관직을 악용해
간사한 짓을 하고,
뇌물을 받아 스스로
필요한 것들을 충당했다.
《한서(漢書)・왕망전(王莽傳)》

또한, 화폐 개혁에서는

왕망의 개혁 과정 중
여러 차례 화폐 제도를 개혁했다.
린젠밍(林劍鳴)《진한사(秦漢史)》

기존의 동전을 없애고,

왕망이
진짜 황제가 되고…
착도(錯刀), 계도(契刀),
오수전(五銖錢)을 없앴다.
《한서(漢書)・왕망전(王莽傳)》

나라에서 화폐를 통일해 발행했는데,

다시 금, 은, 귀(龜), 패(貝),
전(錢), 포(布)의 종류를 만들어
'보화(寶貨)'라고 불렀다.
《한서(漢書)·식화지(食貨志)》

화폐 종류만 28가지였어.

모두 다섯 가지 물건과
여섯 가지 이름에 28종류였다.
《한서(漢書)·식화지(食貨志)》

이에 자연재해와 인재(人災)까지 더해져…

왕망이 섭정할 때부터
멸망할 때까지
20년간 수해, 가뭄, 우박 피해와
백성을 약탈하고 학대하는
명령이 연달아 백성들을 짓눌렀다.
바이서우이(白壽彝)
《중국통사(中國通史)》

왕망 고양이 정권 후기에는
쌀 한 곡의 가격이 치솟아 황금 한 근에 달했지.

왕망 말기…
조 한 곡[90]이
황금 한 근과 맞먹었다.
《후한서(後漢書)·
광무제기(光武帝紀)》

백성들의 고통은 말로 다
설명할 수 없을 정도였어….

왕망의 새로운 정치는
천하를 술렁이게 했고,
모두가 불안에 떨며
안심하고 살 수가 없었고,
나라가 평안한 날이 없었다.
바이서우이(白壽彝)
《중국통사(中國通史)》

이런 참담한 상황에서,
결국 농민 반란이 일어났어!

도저히 참을 수 없는 고통이
백성들의 분노에
불을 지펴 반기를 들게 했다.
바이서우이(白壽彝)
《중국통사(中國通史)》

---

90) 곡(斛) : 5말 또는 10말. — 역주.

각지의 고양이들이
하나둘씩 일어나 반항했지!

몇 년간,
각지의 봉기군들이 일으킨
반항의 물결이 폭풍처럼
거세게 여기저기서 일어났고,
이들이 모여 거대한 세력을
이루었다.
바이서우이(白壽彝)
《중국통사(中國通史)》

반항의 무리 중에는
매우 빠르고 사나운 두 세력이 있었는데,

그중
두 무리의 반란군의 세력이
가장 셌는데,
그들이 왕망 정권을 몰아낸
주요 세력들이다.
바이서우이(白壽彝)
《중국통사(中國通史)》

▶ 그들은 누구였을까? ◀

이어서 계속

왕망이 신나라를 세우다

전제 정치 시대에 왕망은 난신으로 정의된다. 반고(班固)도 《한서(漢書)·왕망전(王莽傳)》의 찬문(贊文)에서 왕망이 한나라를 대체한 것을 두고 '찬탈의 화'라고 평가했으며, '황위를 찬탈한 자'라는 꼬리표도 2천 년 가까이 따라다녔다. 하지만 역사를 되짚어보면 알 수 있듯이, 나라가 영원하길 바라는 것은 대부분 당시 통치자의 꿈일 뿐, 왕조가 바뀌는 것이야말로 역사의 자연스러운 흐름이다. 이론적으로 말하면, 왕조나 대가 바뀔 때는 무력을 행사하는 경우와 평화적인 경우 두 가지가 있다. 왕망이 평화적인 방식으로 한나라를 대체하면서 전쟁으로 인한 백성들의 피해를 막았다는 점은 부정할 수 없는 사실이다. 이후, 조씨가 한나라를 대체하고, 사마씨가 위나라를 대체하고, 북송이 주나라를 대체하는 경우 모두 왕망의 성공 사례를 본받은 것이라고 할 수 있다.

신나라가 세워지고 난 뒤, 왕망은 일련의 개혁을 시행하며 천하의 태평을 도모했다. 비록 이는 실패로 끝났지만 우리는 단지 그 이유만으로 이를 철저히 부정해서는 안 된다. 특히 '한나라를 대체'했다는 정상적인 왕조 교체 사건을 '한나라를 찬탈'했다고 규정해서는 안 될 것이다.

왕망 역 - 꽃빵

참고 문헌 : 《한서(漢書)》, 《후한서(後漢書)》, 고단샤 《중국의 역사 3 - 시황제의 유산, 진한(秦漢)제국》, 젠보짠(翦伯贊) 《진한사(秦漢史)》, 바이서우이(白壽彝) 《중국통사(中國通史)》, 린젠밍(林劍鳴) 《진한사(秦漢史)》, 인민교육출판사 《의무교육 교과서·7학년 역사 상권(교사용)》

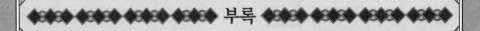
대 과학자

들리는 이야기로는, 왕망은
재위 당시 비행 실험을 지원
하고, 인체 해부를 주최했으
며, 길이를 잴 수 있는 자를
설계하고 제작했어.

왕망의 롤모델

왕망이 가장 존경하는 인물은
주공[91]이었어. 그래서 그는 자
신을 '주공의 환생'이라고 홍
보했고, 나라를 다스릴 때도
주나라 제도를 따랐어.

국민 아이돌

한평제 시절, 왕망이 조정에서
하사하는 것들을 완곡히 거절
한 적이 있어. 그러자 487,572
명의 사람들이 상소를 올려 그
의 공덕을 칭찬했고, 그에게 그
것들을 받아들이길 간청했어.

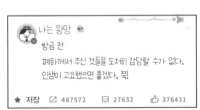

나는 왕망

방금 전

폐하께서 주신 것들을 도저히 감당할 수가 없다.
인생이 고요했으면 좋겠다. 쯧!

★ 저장   487572   27632   376431

---

91) 주공(周公) : 주왕조를 세운 문왕(文王)의 아들이며 주(周)나라의 정치가. ― 역주.

야옹이들의 프로필

<도와줄까?>

<꽃빵의 고민>

꽃빵

사자리
생일 : 8월 15일
키 : 179cm
가장 좋아하는 꽃 : 모란꽃
가장 좋아하는 음식 : 볶음밥
성격 : 명랑하고 돈 쓰는 데 통
이 크지만 세심한 성격이다.

(인간 꽃빵 소개)

꽃빵네 가게
Huajuan's Shop

제 37 장

•

신나라를 무너뜨린 유수의 등장

서기 8년,
200여 년의 한나라 정권이

와르르 무너지고…

(왕망이) 유자를
정안공으로 봉하고,
한나라는 멸망했다.
유자 영의 초시 원년이
서기 8년이었다.

왕퉁링(王桐齡)
《중국전사(中國全史)》

새로운 정권이 한나라를 대신해 세워졌어!

(왕망이) 국호를
'신'으로 바꾼 것이
서기 9년이었다.

치샤(漆侠)《중국개혁통사·
진한 편(中國改革通史·秦漢卷)》

하지만 신나라의 시대를 역행하는 통치로

왕망의 새로운 정치는
천하를 술렁이게 했고,
모두가 불안에 떨며
안심하고 살 수가 없었고,
나라가 평안한 날이 없었다.
바이서우이(白壽彝)
《중국통사(中國通史)》

백성들은 지긋지긋한 고통을 겪었지.

부유한 자는
자신을 보호할 수 없었고,
가난한 자는 스스로
살아남을 수가 없었다.
《한서(漢書)·식화지(食貨志)》

결국 반란이 일어났어.

천봉 원년…
변경 세 곳에서 모두
반란이 일어났다.
이듬해, 북방에서 고통받던
백성들이 도적떼가 되었다.
천봉 4년… 사방에서
끊임없이 대규모 반란이
일어났다.
바이서우이(白壽彝)
《중국통사(中國通史)》

신나라를 무너뜨린 유수의 등장

그중 두 부대가 가장 뛰어났는데,

녹림(綠林), 적미(赤眉)
두 봉기군의 세력이
가장 강했다.
바이서우이(白壽彛)
《중국통사(中國通史)》

하나는 녹림산에서 시작된
녹림군이었고,

몇 개월 만에 이 부대에는
6,000~7,000명이 모였다.
그들은 지금의 당양(當陽) 지역 내의
녹림산을 근거지로 해
'녹림병'이라고 불렸다.
바이서우이(白壽彛)
《중국통사(中國通史)》

또 하나는 빨간 눈썹을
상징으로 하는 적미군이었지.

녹림이 일어난 지 2년째 되던 해에
산둥, 쑤베이(蘇北) 일대에서도
무장 봉기가 일어났다…
전쟁이 일어났을 때
적군과 뒤섞이는 것을
방지하기 위해 그들은
광물을 이용해 눈썹을
붉게 염색했다. 이로 인해
'적미군'이라는 이름을 얻었다.
바이서우이(白壽彛)
《중국통사(中國通史)》

굶주린 백성과 지주 모두가 참여한
이 큰 움직임은 천하를 휘젓기 시작했어.

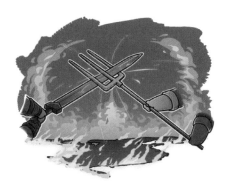

> 몇 년간,
> 각지의 반란군들이 일으킨
> 반항의 물결이 폭풍처럼
> 거세게 여기저기서 일어났고,
> 이들이 모여 거대한 세력을
> 이루었다.
> 바이서우이(白壽彝)
> 《중국통사(中國通史)》

그리고 이 고양이가 나타나면서
역사의 수레바퀴가 더 빠르게 굴러가게 되었지.

> 녹림군과 함께…
> 왕망을 대패시켰다…
> 왕망의 새로운 정권을
> 뒤엎을 수 있는
> 결정적 승리를 거두었다.
> 《중국 역사 문헌 연구
> 논문집 제3권
> (中國歷史文獻研究論文集 第三集)》

그가 바로 유수(劉秀) 고양이야!

유수 고양이는 한고조의
아홉째 세손이었지만,

세조 광무황제는
휘는 수(秀)며
자는 문숙(文叔)이다.
남양(南陽) 채양(蔡陽)현
사람으로
고조의 9세손이었다.
《후한서(後漢書)·
광무제기(光武帝紀)》

이후 가세가 기울어,

무제 당시, 중앙 집권을 강화하고, 황권을 강화하기 위해 '추은령'을 선포했다…
제후의 자손들은 교만과 안일함에 빠져서… 아무것도 남기지 않고
다 소모해버렸다… 선제(宣帝) 당시, 제후 귀족의 자손들은 더욱 쇠퇴했다…
왕망 이후, 한나라 황실의 종친, 공신 귀족 세력이 타격을 입고 더욱 쇠퇴했다.
원러핑(溫樂平)《전국 진한 소비 경제 연구(戰國秦漢消費經濟研究)》

유수 고양이 때는 이미
농사꾼 집안이 된 상태였어….

광무는 9살에 고아가 되어
숙부 유량(劉良)이 키웠다.…
열심히 농사를 지었다.
《후한서(後漢書)·
광무제기(光武帝紀)》

아…

유수 고양이는
어릴 적부터 성격이 소극적이고

심지어 이렇다 할 미래의 포부도 없었지.

유수는…
신중하고 너그러운 성격이었고,
열심히 농사를 지었다.
별다른 포부는 없어 보였다.

리잔펑(李占峰)
《중국 군사전략 전집
(中國軍事戰略全集)》

제무왕 유연(劉縯)은 자가 백승(伯升)이고,
광무의 큰형이다. 성정이 의지가 강하고
기개가 있으며 절조가 있었다.
왕망이 한나라를 찬탈하고
스스로를 황제라 칭하자 항상 이를
분하게 여기고 사직을 돌려놓는 것만
생각해서 가족과 가업을 돌보지 않고
자신은 파산하면서도
천하의 호걸들과 교제했다.

《후한서(後漢書)·
종실사왕삼후열전(宗室四王三候列傳)》

그에 비해 그의 큰형은
포부가 있는 편이어서,

자주 그를 비웃었어.

(백승은) 광무가
농사짓는 것을 비웃었다.
《후한서(後漢書)·
광무제기(光武帝紀)》

하지만 이 성실한 고양이는 그저 돈 많고 예쁜 여자를 만나
사장님이 되고 싶다고 생각했지.

예전에 광무가 신야현에 갔을 때, 음려화(陰麗華)가 아름답다는 이야기를 듣고는
마음속으로 무척 기뻐했다. 후에 장안에 이르렀을 때, 집금오[92]의 수레와 말이
무척 성대한 것을 보고 감탄하면서 말했다. "벼슬을 한다면 마땅히 집금오여야 하고,
아내를 맞는다면 마땅히 음려화여야 하리라."
《후한서(後漢書)·황후기(皇后紀)》

그러나, 운명은 그가 원하는 대로 흘러가지 않았어.

---

92) 집금오(執金吾) : 중국 고대 관직명. – 역주.

얼마 지나지 않아,
천하가… 혼란에 빠지기 시작했기 때문이지.

유수가 학업을 마치고
장안에서 고향으로 돌아왔다.
그때, 왕망의 통치가
곧 붕괴하기 직전이었다.

바이서우이(白壽彝)
《중국통사(中國通史)》

유씨 가문의 한나라가
신나라로 대체된 뒤,

왕망은…
서한 말기의 외척 세력으로,
황위를 선양하는 방식으로
왕조 교체를 실현하고
황제가 되었다.

고단샤《중국의 역사 3 -
시황제의 유산, 진한(秦漢)제국》

신나라의 혼란스러운 정책에 반기를 든
농민 반란은 갈수록 격렬해지고 있었어….

먹을 걸
달라!

배고파!

배고파!

왕망이 통치한 십여 년 중
조세와 노역 부담은
더욱 가중되었다… 모든 사회가
극도로 혼란했다… 극도로 긴장된
계급 간의 갈등은 왕망의 시대
흐름에 역행하는 제도 개혁이
도화선이 되어 화산처럼 폭발했고,
전국적인 계급 전쟁으로
발전되었다.

치샤(漆俠)《치샤전집·
제1권(漆俠全集·第一卷)》

이런 상황에서,
유수 고양이의 형은 거사를 치르기 위해 움직여야겠다고 결심했지.

왕망 말기에, 도적이 잇달아 일어나 남방의 근심이 커졌다. 백승은 여러 호걸을 불러놓고 "왕망이 폭정을 일삼으니 백성들이 무너진다. 최근 가뭄과 한재가 몇 해 동안 이어지고, 전쟁이 계속 일어나고 있다. 이는 하늘이 정한 멸망의 때로, 고조의 패업을 돌려놓고, 세상을 안정시킬 때라는 것을 의미한다"라고 말했다.

《후한서(後漢書)·종실사왕삼후열전(宗室四王三候列傳)》

농사꾼으로서,

광무가 신야의 관리를 피해 완(宛) 지역에서 곡식을 팔았는데, 그곳 사람 이통(李通)이 도참설[93]을 가지고 광무에게 "유씨가 다시 일어나고, 이씨가 도울 것이다"라고 말했다. 광무는 처음에는 감히 받아들이지 못했다.

《후한서(後漢書)·광무제기(光武帝紀)》

유수 고양이는 이 흙탕물에 발을 담그고 싶지 않았지만…

---

93) 도참설(圖讖說) : 세운(世運)과 인사(人事)의 미래를 예언하는 설. - 역주.

가족들이 모두 이미 나가서
거사를 치르고 있어서…

유수의 족형(族兄)인 유현(劉玄)이
반란군에 참가했고,
유수의 큰형인 유연도…
반란에 참여했다.

바이서우이(白壽彝)
《중국통사(中國通史)》

뭘 하든 안 하든, 어차피 죽을 처지라…

유수는… 지황(地皇) 3년 10월
완(宛)성에서 군사를 일으켰다.

바이서우이(白壽彝)
《중국통사(中國通史)》

어쩔 수 없이 유수 고양이도
함께 반란에 참여했어.

신나라를 무너뜨린 유수의 등장

당시의 농민 반란은 대부분
굶주린 백성들로 구성되어 있었어.

서한 말기의 농민 반란은 …
거의 대부분 굶주린 백성들이었다.
바이서우이(白壽彛)
《중국통사(中國通史)》

농민들이 살기 위해
무리를 지어
낮은 지대의 늪지에서
올방개라고 불리는
풀뿌리로 배를 채웠다.
바이서우이(白壽彛)
《중국통사(中國通史)》

처음에 그저 같이 들풀을 캐 먹거나,

식량을 훔치기 위해서 모인 거였는데,

굶주린 백성들은
생계를 유지할 방법이 없어서,
자발적으로 무리를 만들어
도적질로 먹고살기도 했다.
바이서우이(白壽彛)
《중국통사(中國通史)》

이것이 발전되어 '군대'가 되었지.

녹림군도 이런 어수선한 농민군이었어.

처음에는 굶주린 백성들로
이루어진 무리가
수백에 불과했지만,
얼마 지나지 않아
다른 지역 유민들도
이곳으로 모이기 시작했다···
수개월 만에 8천 명에 달했다.
그들은 녹림산을 근거지로 해서
'녹림군'이라 불렸다.

린젠밍(林劍鳴) 《진한사(秦漢史)》

하지만 보잘것없는 신분으로서
그들은 자신들의 분수를 알았기 때문에···

역사적 조건의 제한에 따라
그들은 모두 서한 황족 사람을
우두머리로 세우고
한나라 황실을 다시
일으켜 세운다는 명목을 내걸어야
전국 백성들의 옹호를
받을 수 있을 거라고 생각했다.

바이서우이(白壽彝)
《중국통사(中國通史)》

유수 고양이와 같이 제대로 된 교육을 받은
한나라 황실 후손이 들어온 뒤에야

한나라 종실, 남양 대지주 유연,
유수 형제 역시 남양 용릉(春陵)에서
7,000~8,000명의 지주들과
무장을 하고 왕망에 대항하는
봉기를 일으켰다.

바이서우이(白壽彝)
《중국통사(中國通史)》

군대는 빠르게 완전히
새로운 모습으로 탈바꿈했지.

귀족과 지주의 참여로 왕망을
반대하는 움직임이 강력해졌다.
그들은 높은 수준의
문화적 소양과 강한 조직력,
풍부한 전투 경험이 있었다.
그들의 영향을 받으면서
반란군은 달라졌고,
전투력도 높아졌으며,
싸움의 목표도 선명해졌다.

바이서우이(白壽彝)
《중국통사(中國通史)》

유현을 황제로 옹립하고…
유씨의 나라를 다시 일으켜
세운다는 정치적 슬로건을 내걸었다.

바이서우이(白壽彝)
《중국통사(中國通史)》

전국의 호걸들이 관리들을 죽이고,
스스로 장군이라 칭하며,
한나라의 연호를 사용하면서
칙령을 기다리니
한 달 사이에 천하에 두루 퍼졌다.

《후한서(後漢書)·유현유기(光武帝紀)》

그들은 유씨 천하의 부흥이라는
표어에 기대어 빠르게 발전했어.

그들은 싸우는 족족 이겼고,
규모도 갈수록 커졌지.

4월, 세조와 왕상(王常) 등은
각각 영천(潁川)을 공격해
곤양(昆陽), 언(郾),
정릉(定陵) 지역을 점령했다.
《한서(漢書)·왕망전(王莽傳)》

봉기군의 세력이…
빠르게 발전했다.
바이서우이(白壽彝)
《중국통사(中國通史)》

급부상한 이 세력은
신나라 중앙 정권에도 위협이 되기 시작했어.

왕망이 이를 듣고
더욱 두려워했다.
《한서(漢書)·왕망전(王莽傳)》

그리고 42만 중앙군이 집결하기 시작했지!

녹림군을 무찌르기 위해서 말이야!

유수 등의 사람들이…
곤양을 점령했다.
바이서우이(白壽彝)
《중국통사(中國通史)》

한두 달 사이에 낙양에
42만 명의 왕망의 군사들이
모였다… 곤양으로 직행했다.
치샤(漆俠)《치샤전집·
제1권(漆俠全集·第一卷)》

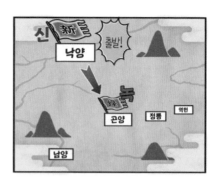

하지만 당시의 녹림군은…
주력군이 다른 곳에 있었어!

유연과 갱시군(녹림군) 주력 부대는
완성을 포위해 공격하고 있었다.
바이서우이(白壽彝)
《중국통사(中國通史)》

대군이 토벌하러 온다는 소식을 듣고,
녹림군들은 너무 겁이 났어.

장수들이 장군 왕심(王尋)과
왕읍(王邑)이 이끄는
왕망의 군대가 강성함을 보고
온 길로 도망해 곤양으로 들어가
두려워하며 처자식을 걱정해
흩어져 여러 성으로
돌아가고자 했다.
《후한서(後漢書)·
광무제기(光武帝紀)》

다행히 이때,
유수 고양이가 나서주었지!

그가 소수의 병사들만 이끌고
성 밖으로 빠져나가
지원군을 데려오는 거야!

광무는…
표기대장군 종조(宗佻),
오위장군 이질(李軼) 등
13명이 남문으로 빠져나가
밖에서 군사를 모았다.

《후한서(後漢書)·
광무제기(光武帝紀)》

당시 중앙군 42만 명은,

약속한 날에 도착한 병력이
42만 명이었으며 나머지도
계속 늘어나 도로에서
끊이지 않을 정도였다.
수레와 갑옷, 군사와 말 등의
성대함은 옛날의 군사 출동에서
일찍이 볼 수 없었던 것이었다.

《한서(漢書)·왕망전(王莽傳)》

신나라를 무너뜨린 유수의 등장

유수 고양이의 열 몇 명짜리 부대는
거들떠보지도 않았어.

하지만 결과는?
중앙군이 제대로 당했지!

대군이 압박하는 상황에서
녹림군 입장에서는 선택지가 없었어.
그저 목숨을 거는 것밖에는!

곤양성 안에 포위된 반란군의
장수들은 유수의 충고를 듣고
8,000~9,000명의 군사로
성을 지키며 왕읍의 대군에
맞서겠다고 다짐했다.
바이서우이(白壽彛)
《중국통사(中國通史)》

유수 고양이가 데려온 소수의 지원군은
중앙군의 중심으로 돌진해 미친 듯이 적을 무찔렀고,

광무는 병사들과 함께 전진하다가
스스로 보병, 기병 1천여 명을 거느리고
선봉에 서서 신나라 군과 4, 5리 정도
떨어진 곳에 진을 쳤으며…
유수가 이들을 달아나게 하며 수십여 명의
목을 베었다… 유수가 다시 진격하자
왕심, 왕읍이 군사를 물렸고, 모든 부대가
기세를 타서 신나라의 군사가 수백 또는
수천이 참수되었다. 계속 승리하며 전진했다.
《후한서(後漢書)·광무제기(光武帝紀)》

42만 대군은 반격할 겨를 없이 당했어.

왕심과 왕읍은…
한의 군대와의 전쟁에서
불리해졌다.
《한서(漢書)·왕망전(王莽傳)》

게다가 유수 고양이는 거짓으로
주력군이 곧 돌아올 것이라고 말했지.

(유수는) 가짜로 사자를 보내
성 안에 완현의 군사들이
곧 도착한다는 내용의 편지를
일부러 떨어뜨렸다.
《후한서(後漢書)·
광무제기(光武帝紀)》

신나라를 무너뜨린 유수의 등장

그러자 갑자기 한쪽은 사기가 충천하고, 다른 한쪽은 허둥지둥거렸어.

> 연달아 승리해 전진하니, 장수들의 담력과 기운이 더욱 성해져서
> 일당백의 기세로 싸우지 않는 자가 없었다.
> 《후한서(後漢書)·광무제기(光武帝紀)》
>
> 한나라 군대는 승세를 틈타 심을 죽였다. 곤양성 안에서도 군대를 출동시켜
> 함께 싸움을 걸어오자 읍은 달아났고, 군대는 혼란에 빠졌다.
> 《한서(漢書)·왕망전(王莽傳)》

중앙군이 무너지면서
이때 이후로 신나라 정권의 주력군이 사라졌지.

> 왕망의 군대가 크게 궤멸했다.
> 《후한서(後漢書)·광무제기(光武帝紀)》
>
> 유수가 적은 병력으로 많은 병력을 이기고 왕망의 군대를 격파해
> 쌍방의 힘의 대비에 근본적인 변화가 생겼다.
> 바이서우이(白壽彝) 《중국통사(中國通史)》

유수 고양이는 소수로 다수를 이긴 이번 전쟁에서
단번에 유명해졌어!

> 유수는 이 전쟁에서
> 군사적 재능을 보여주었고,
> 그의 명망과 지위가
> 크게 상승했다.
> 바이서우이(白壽彝)
> 《중국통사(中國通史)》

하지만… 이 기쁨을 채 누리기도 전에…
조용히 재앙이 닥쳐왔지….

> 유수는… 억지로
> 웃는 얼굴을 한 채,
> 경시황제에게 달려가 사죄했다.
> 바이서우이(白壽彝)
> 《중국통사(中國通史)》

무슨 일이 일어난 걸까?

이어서 계속

편집자의 말 ◇◇◇◇◇◇◇◇◇◇◇◇◇◇◇◇◇◇◇◇◇◇◇◇◇◇◇◇

　　많은 사람들이 역사 속 인물에게 '태그'를 다는데, 유수에게 달린 가장 유명한 태그는 '우주의 아들'이다. 큰 의미는 '이 우주가 특별한 의미를 부여해 탄생시킨 생명으로, 행운이 모여 태어난 사람'이다. 이렇게 부르는 이유는 아마도 유수의 그 누구와도 비할 수 없는 큰 행운 때문이었다. 곤양 전쟁에서 왕망의 군대가 수십 겹으로 포위하고, 군영이 수백 개가 있었는데… 밤에는 유성이 진영 안에 떨어지고, 낮에는 구름이 무너진 산처럼 진영으로 떨어지다가 땅에 가까워질 때 흩어지자 신나라의 관리, 병사들이 모두 엎드렸다(《후한서(後漢書)》)는 이야기가 있다. 이는 녹림군이 왕망의 군사를 막아내기 어려운 상황에서 갑자기 하늘에서 기이한 현상이 있었는데, 밤에 적진으로 유성이 떨어진다거나, 낮에 구름이 산이 무너지는 모양으로 진영으로 떨어졌다는 것이다. 이에 왕망의 군사들은 모두 놀라 바닥에 엎드릴 수밖에 없었다(주석, 이는 《후한서(後漢書)》, 《동관한기(東觀漢記)》에서 나온 표현으로, 다른 사료 증거는 없다). 이 이야기가 항간에 떠돌며 이런 별칭을 만든 것이다.

유수 역 - 꽈배기

참고 문헌 : 《한서(漢書)》, 《후한서(後漢書)》, 고단샤 《중국의 역사 3 - 시황제의 유산, 진한(秦漢)제국》, 《중국 역사 문헌 연구 논문집 제3권(中國歷史文獻硏究論文集 第三集)》, 바이서우이(白壽彛) 《중국통사(中國通史)》, 왕통링(王桐齡) 《중국전사(中國全史)》, 치샤(漆俠) 《치샤전집·제1권(漆俠全集·第一卷)》, 원러핑(溫樂平) 《전국 진한 소비 경제 연구(戰國秦漢消費經濟硏究)》, 리잔펑(李占峰) 《중국 군사전략 전집(中國軍事戰略全集)》

운이 좋은 사나이

역사 기록을 보면 유수가 태어날 때 붉은빛이 온 방을 채우는 것을 보고 점을 치는 사람이 '말로 표현할 수 없이 길한' 큰 복의 징조라고 했어.

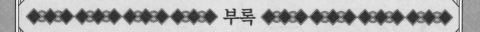

꿈이 현실이 되다

유수는 어린 시절 미녀 음려화에게 첫눈에 반해 감탄하며 말했어. "아내를 맞는다면 음려화여야 한다." 그리고 그는 29살에 드디어 소원을 이루게 되었지.

소를 탄 장군

군대가 너무 가난해서 유수가 막 군에 들어갔을 땐 소를 타고 전투를 나가야 했어. 전투에서 한 차례 승리하고 나서야 말을 탈 수 있었지.

야옹이들의 프로필

<카드 게임>

<전병의 약점>

물고기자리

생일 : 3월 3일

키 : 182cm

가장 좋아하는 꽃 : 벚꽃

가장 좋아하는 음식 : 마카롱

성격 : 세심한 성격. 낯을 가리고, 쉽게 긴장하는 편이다.

(인간 전병 소개)

전병네 가게
Jianbing's Shop

제 38 장

•

광무제, 후한을 세우다

한나라가 말기에 흔들리면서

원제, 성제, 애제, 평제 시절에 각지의 지주들은 자신의 세력을 이용해
횡포를 부리고 백성들을 핍박하고 토지를 흡수해버려, 백성들이 살 곳을 잃고
떠돌거나 노비가 되게 만들었다… 서한의 통치는 이미 막다른 길목에 다다랐다.

인민교육출판사 《의무교육 교과서·7학년 역사 상권(교사용)》

신나라에 의해 대체되었어.

왕망은…
서한 정권을 뒤엎고
왕씨의 왕조 신나라를 세웠다.

바이서우이(白壽彝)
《중국통사(中國通史)》

하지만 새롭게 세워진 이 정권은

15년이라는 짧은 시간 만에
대규모 반란에 의해 멸망하고 말았지.

'신' 왕조는 15년간
통치를 지속했고,
마지막엔 왕망 본인이
농민 봉기군에 의해
살해당하며 끝이 났다.

《중국 고대 세수 사상사
(中國古代稅收思想史)》

이 왕조의 무덤을 판 사람은…
녹림군의 장군, 유수 고양이였어….

유수는…
고향에서 자신의 형과 함께
당시의 정세에 편승해
군사를 일으켰고,
녹림군에 들어가게 되었다.

인민교육출판사
《의무교육 교과서·
7학년 역사 상권(교사용)》

곤양에서의 전쟁 중,
유수 고양이는 수만의 병력으로
42만의 신나라 중앙군을 물리쳤어.

(왕망은) 대사도 왕심과
대사공 왕읍에게 백만 대군을
이끌게 했는데,
이 중 전투병이 42만이었다.
《후한서(後漢書)·광무제기(光武帝紀)》

(유수는) 곤양 전쟁에서
한 번에 신나라 왕망의
주력군을 섬멸했다.
인민교육출판사《의무교육 교과서·
7학년 역사 상권(교사용)》

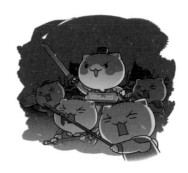

42만 주력군의 패배는
신나라의 멸망을 직접적으로 가속화했지.

곤양 전쟁에서
왕망의 주력군을 몰살시키면서
신나라 정권을 무너뜨릴 수 있는
기초를 다졌다.
왕스리(王士立)
《중국 고대사(中國古代史)》

유수 고양이는 이로 인해
천하에 명성을 떨치게 되었어!

유수는 이 전투에서
군사적 재능을 뽐냈고,
그의 명망과 지위가
대대적으로 높아졌다.
바이서우이(白壽彝)
《중국통사(中國通史)》

하지만 아직은 축하하기 일렀지….

유수 고양이의 형이 처형당한 거야….

열 받아!

곤양대전 이후…
얼마 지나지 않아,
똑똑하고 능력도 출중하며
지위도 높고 권세도 강했던
유연이 살해되었다.

마둥펑(馬東峰)
《연표로 알아보는 중국사
(用年表讀懂中國史)》

그 원인을 따져보자면, 유수 고양이와 그의 형의 능력이…
너무 뛰어났기 때문이야.

그리고 두 형제의 그 뛰어난 능력을
녹림군 우두머리들은 두려워할 수밖에 없었어.

(녹림은)
백승의 명망을 두려워해
그를 살해했다.
《후한서(後漢書)·
광무제기(光武帝紀)》

형이 죽음의 화를 입었지만,
유수 고양이는 자신의 목숨을 지키기 위해
울분을 참으며 아무 말도 하지 못했지.

유연이 죽임을 당하고,
유수는 마음이 온통 비통함과
분노로 가득 찼으나, 자신의 세력은
너무나도 약했기 때문에
이러한 마음을 참고
티를 내지 않았으며,
고분고분하게 굴었다.
바이서우이(白壽彝)
《중국통사(中國通史)》

신나라가 무너지고 나서
녹림군*은 도성을 점령했어.

경시 원년 9월,
녹림군이 장안을 공격했고,
왕망이 죽임을 당했다…
경시 2년, (녹림군)은
도성을 낙양에서
장안으로 옮겼다.
바이서우이(白壽彝)
《중국통사(中國通史)》

*녹림군이 경시(更始) 정권을 세웠으나,
쉬운 이해를 위해 녹림군이라 적었다.

이후 급격히 부패했지….

세력을 얻고 나니,
지난 일들을 모두 잊어버리고
화려한 속옷과 비단옷을 입었고,
길거리에서 음담패설을 일삼았다…
이는 내부의 부패를 반영했다.

린젠밍(林劍鳴)
《진한사(秦漢史)》

이들은 백성들에게
큰 실망을 안겨주었을 뿐만 아니라,

백성들은 그들(녹림군)에게
크게 실망했다.
바이서우이(白壽彝)
《중국통사(中國通史)》

다른 반란군에게 천하를 빼앗을
희망을 엿보게 했어.

군사를 보유한 채
자중하고 있었던 지방의
분할 세력들이 이로 인해
천하를 쟁탈할 수 있는
희망을 엿보게 되었다.
바이서우이(白壽彝)
《중국통사(中國通史)》

당시의 정세를 살펴보면, 녹림군 외에

적미군이라고 불리는 반란군이 있었는데,

녹림, 적미
두 반란군의 세력이
가장 강했다.
이 둘이 왕망 정권을 무너뜨린
주요 군사들이었다.
바이서우이(白壽彝)
《중국통사(中國通史)》

둘 모두 천하를 쟁탈할 수 있는
무장 세력들이었지.

(반란군) 중에서
규모가 가장 큰 것이
바로 녹림군과 적미군
두 부대였다.
마둥펑(馬東峰)
《연표로 알아 보는 중국사
(用年表讀懂中國史)》

하지만 당시에 이런 이야기가 있었어.

결과는 하북(河北)에서

경시 시절,
남양에는 이런 동요가 있었다.
"결과는 하북에서."

《후한서(後漢書)·오행(五行)》

이는 하북 지역을 얻어야
천하를 얻었다고 말할 수 있다는 뜻이었지.

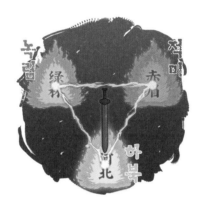

녹림군도 하북 지역을 얻고 싶었어.

경시제는
측근인 대장군에게
하북을 공격할 것을
명령하려고 했다.

《후한서(後漢書)·
종실사왕삼후열전
(宗室四王三侯列傳)》

이와 같은 상황에서, 마땅한 인재가 없자
우리의 유수 고양이가 하북 지역에 파견되었지.

유수는 대사마(大司馬)로서
하북 지역의 주군(州郡)들을
투항하게 하기 위해
파견되었다.

바이서우이(白壽彝)
《중국통사(中國通史)》

이는 유수 고양이에게
죽음의 화를 면할 수 있고,

녹림군의 통제에서 벗어날 기회였어.

이렇게 유수는 경시제의
직접적인 통제에서 벗어나
독자적으로 무리를
형성할 수 있었다.

《케임브리지 중국 진한사》

유수 고양이가 하북 지역으로 간 지 얼마 되지 않았을 때,
녹림과 적미는 서로 치고받기 시작했지.

적미군이
장안 동북 지역까지 와서
경시제와 자웅을 겨루려 했다.
바이서우이(白壽彝)
《중국통사(中國通史)》

결국 적미가 녹림을 무찌르고
도성을 차지했어.

경시 3년 9월,
적미군이 장안을 공격해
경시황제 유현의
투항을 받아냈다.
바이서우이(白壽彝)
《중국통사(中國通史)》

하지만 두 봉기군은 하는 짓이 똑같았어….
성공하고 높은 자리에 오르고 나니 적미도 빠르게 부패했지….

적미군이 장안을 점령한 뒤,
경시의 전철을 밟았다…
장수들은 공과 상을 따지기 바빴고,
규율에 제약을 받지 않는 군사들은
자주 장안 안팎에서 재물을
도둑질하고 백성들을 핍박했다.
바이서우이(白壽彝)
《중국통사(中國通史)》

> 적미군이 오랫동안
> 장안을 노략질해서
> 성에 남은 식량이 없었다…
> 진귀한 보화를 거두어들이고
> 궁과 도시를 불태웠으며
> 노략질과 살인을 자행했다.
>
> 왕퉁링(王桐齡)
> 《중국전사(中國全史)》

심지어 녹림보다 그 정도가 지나쳤어….

백성들은 또다시 실망했지….

> 이미 경시 정권에
> 실망한 바 있던 백성들은
> 또다시 실망했다.
>
> 바이서우이(白壽彝)
> 《중국통사(中國通史)》

다행히도 이때 유수 고양이가 돌아왔어!

게다가 하북의 정예병들까지 데리고 돌아왔지!

하북 지역 봉기군의 주력군이 유수에게 섬멸당하고,
하북은 모두 그의 손안에 들어갔다.
유수는 대군을 이끌고 강을 건너 남쪽 지역 정벌을 시작했다.

바이서우이(白壽彝) 《중국통사(中國通史)》

녹림군이 적미군에게 패배한 뒤,

유수 고양이는 군을 이끌고 남쪽으로 내려가
녹림군의 패잔병들을 모아 재편성하고

서기 25년…
유수는 낙양을 지키고 있던
경시의 군대의 항복을 받았다.

바이서우이(白壽彝)
《중국통사(中國通史)》

적미가 무대에 오를 때까지 기다렸어….

경시제가 적미에 투항했다…
적미가 장안에 입성했다.

린젠밍(林劍鳴)
《진한사(秦漢史)》

유수 고양이는 아무런 기척도 없이
그들이 화를 자초하는 것을 지켜보고 있었지.

백성들이 적미군을 죽을 만큼
원망할 때까지 기다렸다가,

장안 부근에서 횡포를 일삼던
지주들은 식량을 숨기고
무력으로 적미군에 대항했다.
적미군은… 서쪽 농산(隴山)으로 가서
길을 열려고 했다.

젠보짠(翦伯贊)
《중국사강요(中國史綱要)》

적미가 (농산에서)
분할 세력 중 하나인 외효(隗囂)의
저항과 눈바람의 습격을 받아
장안으로 돌아가기 위해
군사들을 이끌고
동쪽으로 향했다…
유수의 군대가 이미
낙양 서쪽 지역을 지키고 있어서
적미군이 동쪽으로 돌아오는
통로를 끊어버렸다.

젠보짠(翦伯贊)
《중국사강요(中國史綱要)》

유수 고양이는 그제야 그들을
매복 습격하라고 지시를 내렸어….

3년도 채 되지 않아 유수 고양이는
녹림과 적미 양대 반란군을 집어삼켰고, 전투력이 폭발했지!

(서기 25년) 광무제는 낙양에 있던
경시 정권 부대의 항복을 받았다.

왕수관(汪受寬)
《감숙통사(甘肅痛史)·진한 편(秦漢卷)》

적미군은…
기원 27년에 유수에게 진압되었다.

바이서우이(白壽彝)
《중국통사(中國通史)》

이런 강력한 힘으로 다른 지역의 분할 세력들도 전부 평정해버렸어.

(유수는) 남북 각 지역의 봉건 분할 세력들을
각각에 맞는 전투 전략을 적용해 공격했다.
건무 5년부터 12년까지 어양(漁陽)의 팽총(彭寵),
남군(南郡)의 진풍(秦豊), 양(梁)의 유영(劉永),
제(齊)의 장보(張步), 노강(盧江)의 이헌(李憲),
동해(東海)의 동헌(董憲), 한중(漢中)의 연잠(延岑),
이릉(夷陵)의 전융(田戎), 농서(隴西)의 외효,
안정(安定)의 노방(盧芳), 파촉의 공손술(公孫述)을
연달아 무찔렀다.

바이서우이(白壽彛)《중국통사(中國通史)》

쪼개져 있던 천하가
드디어 다시 통일된 거지.

중국의 역사는
분란의 시기에서 통일의 시기로
다시 접어들었다.
젠보짠(翦伯贊)
《중국사강요(中國史綱要)》

이게 바로 유수 고양이가 만든
동한(東漢) 정권이야.

유수가 동한 왕조를 세우고…
한나라의 통치를 부활시켰다.
젠보짠(翦伯贊)
《중국사강요(中國史綱要)》

밭에서부터 싸워 올라온 황제로서,

유수 본인은 남양의 대지주로…
토지와 상업을 경영했다.

린젠밍(林劍鳴)《진한사(秦漢史)》

그는 공신을 우대했을 뿐만 아니라,

유수는 대소 공신들을
모두 후하게 예우했다.

린젠밍(林劍鳴)《진한사(秦漢史)》

백성들에게도 잘해주었어.

유수는 유가와 도가 사상의
영향을 많이 받아서
유가의 '어진 정치'와
도가의 '부드럽고 약한 것이
굳세고 강한 것을 이긴다'라는
사상에 기초해 나라를 다스리고,
민심에 순응했다.

인민교육출판사
《의무교육 교과서·
7학년 역사 상권(교사용)》

정국이 안정되고 나서는
노역과 세금 부담을 가볍게 해주는 정책을 더 실행했고,

광무제는…
노역과 세금 부담을
가볍게 해주는 법을 시행했고,
정책의 안정성과
지속성을 유지했다.

인민교육출판사
《의무교육 교과서·
7학년 역사 상권(교사용)》

교육과 문화를 발전시키는 일도
매우 권장했지.

유수는 '전쟁을 멈추고
문화 교육에 힘쓰는'
정책을 시행했다.

인민교육출판사
《의무교육 교과서·
7학년 역사 상권(교사용)》

학교
지원

동한 중후기에는
태학생이 3만여 명이나 되었어.

유보(한순제) 이후
태학은 240방 1,850실까지 확대되었고,
학생은 3만여 명까지 늘어났다.

판원란(范文瀾)
《중국통사약본(中國通史簡編)》

동한이 역사상 전무후무한 문화 대국이 되는 일에
탄탄한 기초를 닦았지.

그는 중국 역사상 유일하게
개국 황제이자 중흥 군주인 제왕이었어.

이때 이후,
유수는 동한 왕조의
첫 번째 황제인
한광무제가 되었다.

린졘밍(林劍鳴) 《진한사(秦漢史)》

(유수는) 동한 왕조의
근 200년의 기반을 닦았고,
역사는 이를
'광무중흥'이라고 부른다.

인민교육출판사
《의무교육 교과서·
7학년 역사 상권(교사용)》

시작은 이렇게 좋았는데
나중은 어땠을까?

동한 사회가 번영했다.

인민교육출판사
《의무교육 교과서·
7학년 역사 상권(교사용)》

계속해서
성공했을자···

이어서 계속

편집자의 말 ◇◇◇◇◇◇◇◇◇◇◇◇◇◇◇◇◇◇◇◇◇◇◇◇◇◇◇◇◇◇◇

《한어대사전(漢語大詞典)》에 따르면, 서한은 유방이 자신을 황제로 칭한 때부터 왕망의 신나라로 대체될 때까지 장안을 수도로 삼았고, 동한은 광무제 유수에서부터 헌제(獻帝)에 이르기까지 낙양을 수도로 삼았다. 장안과 낙양이 하나는 서쪽, 하나는 동쪽에 위치해 역사에서 구분을 위해 서한, 동한이라고 부른다. 두 한나라는 기원전부터 기원후까지 약 200여 년 동안 지속되었으며, 중간에 왕망의 신나라 정권을 기준으로 나뉜다. 이 둘을 하나의 왕조로 볼 수 있을지 여부는 역사학계에서도 아직 정설이 없다. 하지만 당시의 사람들이 보았을 때, 유수가 유씨 가문의 후손이었고, 나라를 부흥시킨 왕이었기 때문에 천하 역시 줄곧 유씨 가문의 한나라 천하라고 생각한 것이다. 두 한나라는 진나라부터 청나라까지의 역사 중에서 가장 오래 지속된 왕조이기도 하다.

두 한나라의 시기는 위대한 역사적 시기였다. 실크로드로 인해 한나라의 명성이 멀리 퍼졌고, 외국 사람들은 한나라 민족을 '한인(漢人)'이라 불렀으며, '한'은 이때부터 중국 민족의 이름이 되었다.

유수 역 - 꽈배기

참고 문헌 : 《후한서(後漢書)》, 《케임브리지 중국 진한사》, 《중국 고대 세수 사상사(中國古代稅收思想史)》, 바이서우이(白壽彝) 《중국통사(中國通史), 왕스리(王士立) 《중국 고대사(中國古代史)》, 마둥펑(馬東峰) 《연표로 알아 보는 중국사(用年表讀懂中國史)》, 린젠밍(林劍鳴) 《진한사(秦漢史)》, 왕퉁링(王桐齡) 《중국전사(中國全史)》, 젠보짠(翦伯贊) 《중국사강요(中國史綱要)》, 왕수관(汪受寬) 《감숙통사(甘肅痛史) · 진한 편(秦漢卷)》, 판원란(范文瀾) 《중국통사약본(中國通史簡編)》, 인민교육출판사 《의무교육 교과서 · 7학년 역사 상권(교사용)》

가장 소심한 황제

광무제 당시, 각지에서 올린 상소문에서 자주 그를 하늘에서 내린 상서로운 기운이라 칭했는데, 유수는 자신이 덕이 없다면서 사관에게 이런 일들을 기록하거나 퍼뜨리지 말라고 했어.

동마제(동마의 황제)

유수가 하북 일대의 강력한 동마의 반란군을 격파하고 흡수한 뒤에 힘이 폭발적으로 증가하면서 당시 사람들에게 '동마제'라고 불렸어.

노비들을 구원한 신

동한 이전에 횡포를 일삼던 지주들은 노비들을 거느리는 것을 좋아했어. 그런데 유수가 나라를 세우고 나서 아홉 차례에 걸쳐 노비들을 풀어준 덕에 수많은 노비가 자유의 몸이 되었어.

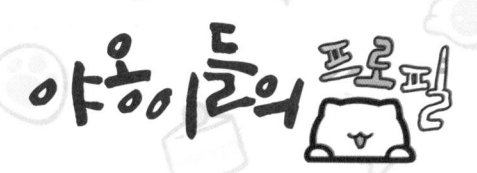

<순진한 소년>

<떡의 최애>

떡

처녀자리

생일 : 9월 8일

키 : 181cm

가장 좋아하는 꽃 : 해당화

가장 좋아하는 음식 : 바나나

성격 : 소문을 좋아하고, 공부하는 것을 좋아한다. 수다스럽다.

(인간 떡 소개)

념가게
Niangao's Shop

고양이가 중국사의 주인공이라면 ❸

제1판 1쇄   2022년 3월 25일

지은이   페이즈(肥志)
옮긴이   이에스더
펴낸이   장세린
편집   배성분, 박을진
디자인   얼앤똘비악

펴낸곳   버니온더문
등록   2019년 10월 4일(제2020-000051호)
주소   서울특별시 용산구 청파로93길 47
홈페이지   http://bunnyonthemoon.kr
SNS   https://www.instagram.com/bunny201910/
전화   050-5099-0594 팩스 050-5091-0594
이메일   bunny201910@gmail.com
ISBN   979-11-969927-8-1 (04910)
ISBN   979-11-969927-0-5(세트)

책값은 뒤표지에 있습니다.
파본은 구입하신 서점에서 교환해드립니다.